U »Der Krokodildieb« im Unterricht

INHALTSANGABE

U.1

Taran Bjørnstads Kinderroman »Der Krokodildieb« (Orig. norwegisch: »Krokodilletyven«) handelt vom neunjährigen Odd, dessen Leben ziemlich unglücklich verläuft: In der Familie ist er der kleine Bruder zweier erfolgreicher Geschwister, Kine und Petter. Für seine Eltern spielt er offenbar eher eine nebensächliche Rolle. In der Schule wird der kleine und pummelige Brillenträger fortwährend von seinen coolen Mitschülerinnen und Mitschülern geärgert, Odd reimt sich ja schließlich auf »Birnenkompott«, und er muss sich der erniedrigenden Kommentare erwehren. Auch sein Lehrer scheint ihn auf dem Kieker zu haben. Außerdem ist Odd zwar sehr aufgeweckt, hat aber Schwierigkeiten, sich frei und ungezwungen zu verhalten. Das liegt vor allem daran, dass er vor so vielen Dingen Angst hat: Sportunterricht, Dunkelheit, Teenager, Hunde ... Wie schade, denn sonst würde er sich vielleicht auch mal trauen, seine Mitschülerin Mette anzusprechen, für die er schwärmt. Stattdessen flüchtet er sich in seine Fantasiewelt und wünscht sich Superkräfte.

Als seine Klasse dann das Aquarium, einen Zoo für Meerestiere besucht, begegnet Odd zwei Wesen, die alles verändern. Das ist zum einen der Reptilienchef Rolf, ein riesiger, kahlköpfiger, tätowierter und warmherziger Tierpfleger, der nicht nur auf Odd, sondern auch auf seine Klassenkameraden mächtig Eindruck macht. Und dann kommt es zur Begegnung zwischen dem kleinen Jungen und Zack, dem 60 Zentimeter langen Lieblings-Zwergkaiman von Rolf, der mit den anderen Krokodilen im Keller des Zoos untergebracht ist und bei dem Odd sich als einziger aus der Klasse traut, ihn zu streicheln. Mit Zack wäre er mutiger, das denkt sich Odd abends nach dem Zoobesuch, als er all die verkorksten Seiten seines Lebens rekapituliert. Mit Zack hätten die anderen auch vor ihm Angst. Mit Zack, dem kleinen Krokodil, würde sich alles für ihn ändern.

Was dann kommt, ist ebenso abwegig wie folgenreich: Am nächsten Tag, als Odds Klasse wieder im Aquarium zu Besuch ist, schleicht er sich von den anderen Kindern und dem Lehrer weg und schafft es mit einigen Tricks, unbeobachtet in den Kellerraum mit den Krokodilen zu kommen. Dort füttert er Zack mit dem Schinken, den er am Morgen vorsorglich aus dem Kühlschrank geholt hat, und verstaut mit einigen Schwierigkeiten das wilde Tier in seinem Rucksack. Als er anschließend auf die Mitschülerinnen und Mitschüler warten muss und Mette glücklicherweise dazu beordert wird, ihm Gesellschaft zu leisten, spürt er schon den neuen Mut, der mit seinem neuen Freund verbunden scheint.

Auf der gemeinsamen Busfahrt – niemand bemerkt den weiteren Mitfahrer im Rucksack – traut sich Odd schon, dem Obermacker der Klasse etwas Paroli zu bieten. Zu Hause allerdings wird die Pflege des Kaimans problematisch: Zack frisst alles, was ihm vor die Schnauze kommt, sogar Odds Socke, seine Schlafanzughose und das Handy von Kine. Und dass keine Familienmitglieder zu Schaden kommen, liegt daran, dass Odd ein strenges Betretungsverbot seines Zimmers durchsetzt. Weil am nächsten Tag sein Plan scheitert, Zack im Schrank zu verstecken, muss er ihn frei im Zimmer laufen lassen. Dies ist sehr risikoreich, auch für das Leben von Kines Hamster ... Abends sieht er mit seinem Vater im Fernsehen, dass Rolf total verzweifelt ist, weil sein Lieblings-Kaiman verschwunden ist. Kurz darauf verschlingt Zack auch noch Odds Plüscheichhörnchen. Jetzt steht für Odd fest: Der Kaiman muss wieder zurück in den Zoo. Spätabends packt er Zack wieder in den Rucksack und fährt quer durch die Stadt zum Aquarium, wo Rolf überglücklich seinen Zack wieder in Empfang nimmt. Als Strafe soll Odd ihm bis auf Weiteres samstags im Aquarium aushelfen. Das Glück wird perfekt, als am nächsten Morgen Mette kommt und sich mit ihm treffen will. Odd sorgt dafür, dass auch Mette Reptilienassistentin bei Rolf wird – ein Happy End also, das sich gewaschen hat.

»Der Krokodildieb« ist ein grandioses Stück Kinderliteratur, auch dadurch dass die außergewöhnlichen Illustrationen von Christoffer Grav das Geschehen in besonderen Gestaltungen, Formaten und Einstellungsperspektiven einfangen. Sogar Odds Gedanken und Ängste haben darin Platz. Die norwegische Autorin Taran Bjørnstad schreibt temporeich und zugleich sensibel und intensiv. In vielen kleinen, zum Teil sehr skurrilen Szenen fängt sie den Zauber der Kindheit und die liebenswerte Sensibilität ihres Titelhelden ein. Zahlreiche witzige Situationen und Sprachspiele und auch der große Spannungsfaktor sorgen bei jungen Leserinnen und Lesern dafür, dass das Buch trotz der nicht ganz leichten Thematik immer noch locker daherkommt. Auch deshalb ist »Der Krokodildieb« eine außergewöhnliche und glänzend geeignete Klassenlektüre, nicht nur für diejenigen Kinder, die ein bisschen mutiger sein möchten.

U.2 DIDAKTISCHES PROFIL DES ROMANS

Das didaktische Potenzial des Romans als Unterrichtslektüre liegt in der Verknüpfung von vertrauten, assimilativen und eher neuen, akkommodativen Aspekten. Vertraute Charakteristika des Textes, wie etwa in den Dimensionen »Thematik«, »Figuren«, »Wirklichkeitsbezug« usw., ermöglichen den Schüler_innen, einen eigenen, individuellen Zugang zum Text zu finden, und schaffen so Anknüpfungsmöglichkeiten für eine eigene Textdeutung (Assimilation). Dieser Aspekt zeigt das lesefördernde Potenzial der Erzählung. Der Bereich des literarischen Lernens, auch »literarische Rezeptionskompetenz« genannt, wird durch die neuen, zusätzlichen Anforderungen, die der Text an das literarische Verstehen der Schüler_innen stellt, angesprochen. Tabellarisch kann das didaktische Profil des Romans folgendermaßen dargestellt werden:

Dimension des Textes	Das Vertraute: Möglichkeit zur Assimilation (Leseförderung)	Das Neue: Notwendigkeit zur Akkommodation (literarisches Lernen)
Wirklichkeitsbezug	▸ Realitätsnahe Schilderung ▸ Protagonisten im Alter der Lesenden	▸ Fiktionale Geschichte mit realer Grundidee
Thematik	▸ Angst und Mut ▸ Tiere ▸ Zoobesuch ▸ Freundschaft ▸ Schule ▸ Familie ▸ Verliebtsein ▸ Ausgegrenzt-Werden, Mobbing	▸ Norwegen ▸ Diebstahl ▸ Reptilien, Haie und andere Tiere
Figuren	▸ Positive Identifikationsangebote für Mädchen und Jungen durch Odd, Mette, Kine, Petter, Rolf ▸ Negative Identifikationsangebote durch Nova, Bjarne, Knut	▸ Empathie mit ambivalenten Figuren, v.a. Odds Eltern, Lehrer Espen und Pedersen ▸ Durchbrechung von Geschlechterrollen: Mette, Kine (selbstbewusst, mutig, direkt), Rolf (sensibel, tierlieb)
Sprache/Stil	▸ Wörtliche Rede ▸ Altersgemäßer Satzbau und Wortschatz ▸ Witzige Situationen	▸ Vergleiche ▸ Metaphern

Dimension des Textes	Das Vertraute: Möglichkeit zur Assimilation (Leseförderung)	Das Neue: Notwendigkeit zur Akkommodation (literarisches Lernen)
Literarische Formelemente/ Erzählkonzept	▶ Lineare Erzählung ▶ Kapitelgliederung ▶ Personale Erzählperspektive ▶ Erzählzeit Präsens ▶ Spannung ▶ Happy End	▶ Innere Monologe in kursiver Schrift ▶ Rückblenden ▶ Viele Illustrationen in Frosch- oder Vogelperspektive ▶ Odds Ängste und Gedanken in hellgrauer Farbe bei den Illustrationen ▶ Zeitungsartikel als Prolog und Epilog ▶ Text-Bild-Bezüge

Die Übersicht zeigt, dass der Schwerpunkt dieses Kinderromans auf dem lesefördernden Potenzial liegt. Einige Aspekte machen aber auch die Akkommodation vorhandener Verstehensschemata notwendig. Besonders geeignet erscheint »Der Krokodildieb« für die Klassenstufen 3 bis 4. Die Integration von fächerübergreifenden Aspekten (v.a. Sachunterricht und Kunstunterricht) bietet sich an.

LITERARISCHES PROFIL DES ROMANS (u.3)

Themen und Motive

In Taran Bjørnstads Kinderroman werden zahlreiche thematische Stränge kunstvoll miteinander verwoben.

Im Mittelpunkt steht das Thema *»Angst und Mut«*. Odd ist aus mehreren Gründen unzufrieden mit seinem Leben. Das liegt vor allem daran, dass er sich vor vielen Dingen fürchtet. Er möchte sehr gerne mutiger sein und wünscht sich verschiedene Superkräfte, die dazu führen könnten, dass er mit der Welt und seinen Mitmenschen besser zurechtkommt. Die Idee, den Zwergkaiman aus dem Zoo zu stehlen bzw. »auszuleihen«, kommt vor allem daher, dass er sich davon verspricht, mutiger zu sein. Wenn er mutiger wird, so sein Plan, haben die Klassenkameraden auch Respekt vor ihm und die Mädchen, vor allem Mette, interessieren sich mehr für ihn, den kleinen, unscheinbaren Brillenträger. Und wirklich: Als Odd Zack in seiner Nähe hat, traut er sich mehr zu: Er traut sich als einziger aus der Klasse, den Kaiman zu streicheln (S. 36/37) (S. 30/31). Er gibt auf die ärgernden Kommentare seiner Mitschüler freche Antworten, er spricht Mette an, er widerspricht sogar dem Sportlehrer und er ist mutig genug, nachts das kleine Krokodil quer durch die Stadt in den Zoo zurückzubringen. Zack ist für Odd das vorläufige Hilfsmittel, um mutiger und reifer zu werden. Am Ende wird klar, dass Odd viele seiner Ängste besiegt hat und Verantwortung für seinen Fehler übernimmt.

Ein zweiter wichtiger thematischer Baustein des Romans sind *Tiere* und der *Zoo*. Odds Klasse unternimmt an zwei Tagen hintereinander einen Ausflug in das Aquarium in Bergen und wird dabei vom charismatischen Tierpfleger Rolf durch die einzelnen Bereiche, Fische, Pinguine, Krokodile, Schlangen und Spinnen, geführt. Odd ist, noch mehr als die meisten seiner Mitschüler_innen, fasziniert von den vielen Tieren und der Präsentation durch Rolf, den erfahrenen Tierpfleger, dessen Lieblingstier der kleine Zwergkaiman Zack ist. Odd saugt förmlich die Erläuterungen von Rolf zu den einzelnen Tieren in sich auf und berichtet seiner Familie davon (Kap. 6). Wie sehr Odd sich die vielen Einzelheiten seines Zoobesuchs gemerkt hat, zeigt sich auch daran, dass er abends den Lageplan des Zoos aus dem Gedächtnis detailliert aufmalt, den er für seinen Kaiman-Diebstahl als Hilfe benötigt (S. 54/55) (S. 44/45).

Drittens ist Odd eingebettet in eine *Familie*, die ihm zum einen Sicherheit, Vertrautheit und Unterstützung bietet, ihn aber trotzdem oft mit seinen Ängsten und Sorgen alleine lässt oder nicht sonderlich ernst nimmt. Das liegt möglicherweise unter anderem daran, dass er als deutlich jüngerer Bruder zwei sehr dominante Geschwister hat, andererseits scheinen auch die Eltern durch ihre Berufstätigkeit und ihre Elternrolle mehr als ausgelastet zu sein, sodass Odds Bedürfnisse etwas zu kurz kommen.

Das vierte Themenfeld, das im Roman eine wichtige Rolle spielt, ist die *Schule*. Die schulische Lebenswelt ist einerseits für Odd Ursache seiner Ängste, bietet andererseits aber auch durch den Ausflug in den Zoo und die Freundschaft zu Mette die Möglichkeit, Mut zu zeigen und zu reifen. Odd ist, nicht nur wegen seines Namens, schon lange den Hänseleien einiger seiner Mitschüler ausgesetzt und leidet sehr darunter. Dies hat zum Teil richtige Mobbing-Züge. Durch Zack spürt Odd neue Kräfte, sich gegen die verletzenden Kommentare zur Wehr zu setzen, auch dem Sportlehrer zu widersprechen und sich seinem Schwarm Mette zu öffnen.

Schließlich handelt die Geschichte von Odd immer stärker auch von der *Freundschaft* zwischen Mette und ihm. Während zu Beginn des Buchs eher verschämte Blicke den Boden für eine intensivere Beziehung bereiten (S. 9), kommen sich beide näher, als sie im Bus nebeneinander sitzen. Am Ende ist Mette diejenige, die ahnt, dass Odd sich Zack »ausgeliehen« hat. Sie kommt zu Odd nach Hause und möchte gerne mit ihm etwas unternehmen. Zum Schluss werden beide Reptilienassistenten.

Erzählkonzept

Die Geschichte ist in 21 Kapitel gegliedert. Sie beginnt an einem Montagmorgen und erstreckt sich über eine Woche. Am Mittwoch ist Odd mit seiner Klasse im Aquarium, am Donnerstag klaut er den Zwergkaiman aus dem Kellerraum, am späten Freitagabend bringt er Zack wieder zurück zu Rolf. Am Samstagmorgen kommt Mette zu ihm und holt ihn ab, um mit ihm in den Park zu gehen.

Das erzählte Geschehen wird linear aus der personalen Erzählperspektive im Präsens erzählt. Einige wenige Rückblenden, z. B. zum Besuch im Aquarium (S. 44) oder als das Auspacken des Krokodils zu Hause erzählt wird (S. 76) (S. 62), erweitern das Erzählkonzept. Zahlreiche Dialoge machen den Text lebendig.

Schauplatz der Geschichte ist eine nicht genannte Stadt in der Nähe von Bergen an der norwegischen Westküste. Der Prolog ist ein Zeitungsartikel, in dem das Verschwinden von Zack geschildert wird, der Epilog bildet den Ringschluss: Nun ist Zack wieder zurück und Rolf, Odd und Mette lächeln auf dem Bild.

Ab und zu wird der Handlungsstrom durch selbstreflexive Überlegungen bzw. kurze innere Monologe Odds (in kursiver Schreibweise) unterbrochen, so z. B. zu Beginn von Kapitel 1 (S. 7) (S. 6), als er am Montagabend nach dem Gespräch mit seinen Eltern alleine ist (S. 22/23) oder sich nach dem ersten Tag im Aquarium dazu entschließt, Zack »auszuleihen« (S. 41–45) (S. 34–37).

Sprache

Der Roman ist größtenteils in altersgemäßer Sprache und parataktischem bzw. begrenzt hypotaktischem Satzbau verfasst. Zahlreiche verdichtete Dialoge sorgen dafür, dass die Leser_innen die Entwicklung der Figuren wie unter einem Brennglas verfolgen können.

Illustrationen

Die zahlreichen comicartigen Illustrationen in verschiedenen Grautönen und Schwarz geben der Geschichte eine zusätzliche Bedeutungsschicht. Auffallend dabei ist, dass viele Szenen aus der Froschperspektive Odds dargestellt sind, z. B. die ärgernden Mitschüler (S. 10/11) (S. 9), die Begegnung mit Rolf im Zoo (S. 26/27) (S. 23) und am Abend, als Odd Zack zurückbringt (S. 113) (S. 93), der Gang durch den Aquarium-Tunnel (S. 32/33) (S. 27) oder als Mette Odd besucht (S. 123) (S. 104/105). Dadurch wird der Eindruck des Textes noch verstärkt, dass Odd besonders klein und voller Ängste ist.

Einige Illustrationen sind in der Vogelperspektive gezeichnet, wie z. B. der Flug von Nussi, Odds Plüscheichhörnchen, durchs Klassenzimmer (S. 18/19) (S. 16/17), der Blick auf den Frühstückstisch (S. 46/47), die Begegnung mit dem Wärter (S. 59), der Sturz Odds vom Eimer (S. 68/69) oder der Blick vom Etagenbett ins Zimmer hinunter (S. 74/75) (S. 59/60).

Viele Zeichnungen haben ungewöhnliche Formate, z. B. quer über zwei Seiten (S. 68/69) oder waagerecht über eine Doppelseite (S. 80/81) (S. 66/67).

Einige Zeichnungen schildern nicht nur, was real passiert, sondern stellen auch Odds Ängste und Wünsche bildlich dar, z. B. Odds Wunsch, fliegen zu können (S. 6/7) (S. 7) und ein Krokodilzähmer zu sein (S. 42/43), oder seine Angst vor dem riesigen weißen Hai (S. 32/33) (S. 36/37) oder dem Nachbarshund (S. 12/13) (S. 10/11).

Außergewöhnlich in der Gestaltung ist auch die Illustration, die mehrere Teilhandlungen in einem Bild darstellt, nämlich Odds verzweifelte Suche nach Zack in der ganzen Wohnung (S. 92/93) (S. 78/79). Auch die klassische tierlexikonartige Abbildung von Zack (S. 96/97), witzigerweise mit dem Hamster von Kine im Bauch, fällt aus dem stilistischen Rahmen.

Spannungsbögen des Romans

Die Spannung des Romans speist sich für die Leser_innen vor allem aus zwei Fragen: Zum einen, wie es Odd gelingt, den Kaiman aus dem Zoo zu holen und ihn bei sich aufzunehmen, ohne dass etwas Schlimmeres passiert. Zum Zweiten wollen die Leser_innen natürlich wissen, ob sich Odd und Mette weiter anfreunden und ob sich Odd gegen die fiesen Kommentare der coolen Mitschüler zur Wehr setzen kann.

Beide Spannungsbögen werden am Ende kunstvoll zusammengeführt: Odd bringt Zack wieder zurück ins Aquarium und kann, quasi als Strafe, gemeinsam mit Mette samstags als Reptilienassistent im Zoo bei Rolf aushelfen.

Metaphern, Symbolik und weitere Stilmittel

Taran Bjørnstad operiert in ihrem Roman mit zahlreichen sprachlichen Bildern und weiteren Stilmitteln, die das Lesevergnügen erhöhen und zusätzliche Bedeutungsschichten erschließen.

Vergleiche sind beispielsweise:
- Odds »Kopf wird schwer wie eine Bowlingkugel«, die »Häuser werden zu Puppenhäusern und die Fahrzeuge zu kleinen Spielzeugautos« (S. 8).
- Odd rennt »wie ein geölter Blitz nach Hause« (S. 14).
- »Mamas Unterschrift sieht aus wie eine Möwe mit einem Flügel. [...] Oder wie eine einsame Insel mit einer Palme und Kokosnüssen« (S. 17).
- Rolf hält die Echse, »als wäre sie ein Kuscheltier« (S. 29) (S. 24), und die Schlange, »als wäre das ein harmloser Regenwurm« (S. 30) (S. 24).
- Der Seehund hat sich auf den Rücken gedreht, »als würde er sich sonnen« (S. 31).
- Die Krokodilzähne »funkeln wie scharfe Felszacken« (S. 35).
- Auf dem Weg in den Krokodilkeller kratzt sein Hals, »als säße ihm ein zappelnder Hering quer im Hals« (S. 52).
- Ein Pinguin schießt »wie ein Pfeil in das blaue Wasser« (S. 56).
- Bei den Schlangen stellen sich Odds Armhärchen auf, »als ob er frieren würde« (S. 60).
- Ein Krokodil ist »stachelig wie ein Drachen« und sieht aus, »als könnte es mit seinem Gebiss aus allem locker Kleinholz machen« (S. 62).
- Als Odd zu Zack in den Raum kommt, sieht dieser aus, »als ob er schläft« (S. 64).
- Nachdem er Zack mitgenommen hat, fühlt er sich »atemlos wie nach einem Hundertmeterlauf bergauf« (S. 67).
- Ausgabe in Einfacher Sprache: »Das sieht aus, als würde Zack lächeln« (S. 53).
- »Wie ein Projektil schießt Zack unter der Kommode hervor« (S. 77).
- Nach Meinung von Odds Vater essen Jungs in der Pubertät, bezeichnenderweise, »wie Krokodile« (S. 82) (S. 68).
- Die Zeit an der Sprechanlage im Aquarium kommt Odd »wie eine Ewigkeit« vor (S. 114).

Metaphorische Sprachbilder sind z. B.:
- Hektor funkelt ihn mit Mörderblick und Raubtierzähnen an (S. 14).
- Als Mette sich im Bus neben ihn setzt, hat er »einen Schwarm Kanarienvögel im Bauch und je einen im Ohr« (S. 24).
- Odd spürt, dass Mettes »Locken tanzen« (S. 25).
- Im Versteck schlägt sein Herz »einen lauten Trommelwirbel in seinem Brustkorb« (S. 52).
- Beim gemeinsamen Warten macht Mette ein glucksendes Lachen, »das Odd in den Ohren kitzelt« (S. 71).
- Odd sagt Gutenacht mit so leiser Stimme, »dass sie fast vom Bettzeug verschluckt wird« (S. 77).

Einige Ellipsen (z. B. »Schwerelos irgendwie«, S. 72) unterstreichen die Textaussage.

Mehrere Textelemente lassen sich *symbolhaft* deuten, wie z. B.:
- Die Hausaufgabe, die Odd am Montag erledigen muss, heißt: »Schreib über etwas, was du dir wünschst, aber nicht bekommen kannst«, und lässt sich als Motto seines bisherigen Lebens begreifen (S. 14) (S. 12).
- Odds Name bedeutet im Englischen »sonderbar«. Dies ist auch ein Grund, warum ihn die Mitschüler_innen ärgern.

Witzige Textstellen und Situationskomik zeigen sich unter anderem hier:
- Odd sagt, dass der Antwortzettel vom Hamster seiner Schwester gefressen wurde (S. 9) (S. 8).

- Odd schreibt nur einen sehr kurzen Aufsatz (S. 14) (S. 13).
- Nova ärgert Odd mit besonderen Bezeichnungen für sein Plüscheichhörnchen (S. 17) (S. 15).
- Odd stellt sich vor, was er machen würde, wenn er fliegen könnte (S. 22).
- Odd stolpert beim Pinguingang in die Mädchengruppe (S. 31) (S. 27).
- Odd im Superman-Kostüm als Krokodilzähmer (S. 43) (S. 37).
- Odd packt sich viel Wurst für Zack ein (S. 48) (S. 38), während der Kühlschrank danach leer ist.
- Odd singt aus Angst im Aquarium auf dem Weg zum Krokodilgehege die Nationalhymne, bevor er die Augen aufmacht (S. 66).
- Zack frisst alles, was in Reichweite ist (S. 79–83) (S. 66–69).
- Odd und Kine treten in den Krokodilhaufen im Flur (S. 94/95) (S. 76).
- Kine verzweifelt an Odds blöden Kommentaren, die, so wissen aber die Leser_innen, vollkommen wahr sind (S. 97/98) (S. 80).
- Rolf weint beim Interview »Krokodilstränen« (S. 99).
- Die Nachbarin grüßt beim Interview ihre Cousine (S. 100/101).
- Zack frisst auch Nussi (S. 104) (S. 85).
- Im Bauch von Zack klingelt Kines Handy (S. 106/107) (S. 88/89).

Ausgabe in »Einfacher Sprache«

Der Text ist kürzer und umfasst 111 Seiten. Die Anzahl der Kapitel ist gleich. Prolog und Epilog sind unverändert. Die Gestaltung des Textes ist leserfreundlich: Größerer Zeilenabstand sowie größere und stärkere Schrift erleichtern das Lesen.

Die Handlung bleibt erhalten. Jedoch fallen ausschmückende Elemente und manche Gedankengänge der Figuren weg. Dadurch ist auch die Zahl der Stilmittel reduziert.

Bei längeren und ungebräuchlicheren Wörtern werden Mediopunkte verwendet, um sie lesbarer zu machen, z. B. Birnen•kompott (S. 9). Unbekannte Wörter sind unterstrichen und in einem Glossar erklärt. Dort finden sich teilweise auch Hinweise auf die Aussprache der Wörter (z. B. Pythons wird Pütons gesprochen).

u.4 DEUTUNGSPERSPEKTIVEN

»Der Krokodildieb« lässt mehrere Deutungen zu. Zum einen veranschaulicht das Buch, wie verletzlich eine Kinderseele ist. Odd versinnbildlicht ein Kind, das es sowohl in der Familie als auch in der Schule aus mehreren Gründen nicht leicht hat und eigentlich nichts dafür kann. Dass Odd überhaupt auf die Idee kommt, mithilfe eines geklauten bzw. geliehenen Zwergkaimans aus dem Zoo mutiger zu werden, zeigt, wie verzweifelt er ist und wie wenig er sich selbst zutraut, aus dem Schlamassel aus fehlender familiärer Unterstützung und Mobbing in der Schule auszubrechen. Damit wirbt die Geschichte dafür, wertschätzend und respektvoll miteinander umzugehen, in der Schule wie in der Familie oder im Freundeskreis, und sensibel die Bedürfnisse der Mitmenschen wahrzunehmen.

Zum Zweiten wirbt das Kinderbuch dafür, sich den eigenen Ängsten zu stellen und sich nicht von seinen Schwächen dominieren zu lassen, sondern nach seinen Stärken zu schauen und die eigenen Ängste zu überwinden. Auch wenn Odds Strategie sehr ungewöhnlich, und dazu noch jenseits der Legalität, ist, zeigt er doch, dass er an seiner schwierigen Situation etwas ändern will und bereit ist, dafür Risiken in Kauf zu nehmen. Immerhin hätte durch seine Klau-Aktion wesentlich Schlimmeres passieren können, z. B. hätten Mitschüler_innen oder Familienmitglieder von Zack gebissen werden können oder Zack hätte angesichts der äußerst unangemessenen Nahrung sterben können.

Dass sich Odd nicht nur zwischendrin – er beichtet ja immerhin Kine die vermutete Geschichte mit dem Hamster –, sondern vor allem am Ende sich selbst seinen Fehler eingesteht und Zack am späten Abend zurück zum Aquarium bringt, zeigt, dass er, fast schon erwachsenengemäß, Verantwortung für sein Handeln übernimmt und für die Konsequenzen geradesteht. Damit wirbt das Buch dafür, dass man sich und anderen mögliche Fehler eingesteht und bereit ist, für die Konsequenzen einzustehen.

Mit Freunden, das zeigt das Buch auch eindrucksvoll, kann man vieles schaffen, was man alleine nicht hinbekommt. Dabei spielen für Odd vor allem drei

Figuren eine Schlüsselrolle: Tierpfleger Rolf eröffnet ihm die Welt der gefährlichen Tiere im Aquarium-Zoo, lässt ihn streichelnd die Bekanntschaft mit Zack machen und hat am Ende nicht nur den Weitblick, sondern auch die Sensibilität, den Diebstahl vertraulich zu behandeln und von Odd zu erfahren, warum er Zack geliehen hat. Mette andererseits eröffnet Odd die große Welt der Beziehungen zu Mädchen, damit wird er in kurzer Zeit deutlich reifer. Sie verzeiht ihm seine großspurigen Sprüche und Schwindeleien und hält dicht, als sie spürt, was in Odds großem Rucksack für ein Geheimnis ist. Schließlich ergreift sie am Ende der Geschichte ganz mutig die Initiative und geht zu Odd nach Hause, um mit ihm etwas zu unternehmen. Dass sie am Ende dann noch bereit ist, mit Odd als Reptilienhelferin bei Rolf zu fungieren, setzt dem Freundschaftsdienst das Sahnehäubchen auf. Letztlich kann man auch Zack als Odds Freund auffassen, weil es Odd mit seiner gefährlichen Hilfe gelingt, mutiger zu werden und zu sich selbst zu finden.

Schließlich präsentiert das Buch auch sehr flexible und variantenreiche Geschlechterrollen: Rolf ist ein Baum von einem Mann, trotzdem sensibel und voller Empathie und kann wunderbar mit Kindern umgehen. Mette verkörpert ein starkes, selbstbewusstes Mädchen, das sich traut, in der entstehenden Beziehung mit Odd die Initiative zu ergreifen, indem sie sich im Bus neben ihn setzt, das Gespräch mit ihm sucht oder am Ende der Geschichte ihn zu Hause besucht, um etwas mit ihm zu unternehmen.

METHODENKISTE

u.5

In der folgenden Übersicht machen wir Vorschläge zur Umsetzung von »Der Krokodildieb« im Unterricht. Sie orientiert sich an den von der Kultusministerkonferenz (KMK) im Jahr 2004 festgelegten »Bildungsstandards im Fach Deutsch für den Primarbereich«. Aus Gründen der besseren Übersicht nehmen wir Bezug auf den Bereich 3.3 (Lesen – mit Texten und Medien umgehen).

Genannte Methoden zu den einzelnen Standards verstehen sich dabei als Möglichkeiten der Umsetzung, die anhand von Beispielen konkretisiert werden. So können auch alle anderen Bereiche der Bildungsstandards für Deutsch (Sprechen und zuhören, Schreiben, Texte verfassen, Sprache und Sprachgebrauch untersuchen) abgedeckt werden. Auch fächerübergreifende Aspekte (z. B. Kunst-, Sachunterricht) finden Berücksichtigung.

Bildungsstandards	Methoden	Beispiele
→ Über Lesefähigkeiten verfügen		
• Altersgemäße Texte sinnverstehend lesen	• Einzelne Abschnitte sinngestaltend vorlesen	• Lesevortrag vorbereiten, dann laut vorlesen • Partnerlesen • Dialoge mit verteilten Rollen lesen, z. B. Kapitel 2 oder 3 → **k.2**
• Lebendige Vorstellungen beim Lesen und Hören literarischer Texte entwickeln	• Hörbuch zur Geschichte anhören	• Ganz oder ausschnittsweise; während oder nach der Lektüre
	• Szenen malen oder spielen	• Kapitel 11 oder Kapitel 19 malen • Kapitel 2 oder Kapitel 6 spielen
→ Über Leseerfahrungen verfügen		
• Verschiedene Sorten von Sach- und Gebrauchstexten kennen	• Sachtexte lesen und Informationen entnehmen	• Lexikonartikel über Tiere (z. B. Kaiman, Rattenschlange, Königsboa) suchen und lesen
• Kinderliteratur kennen: Werke, Autoren und Autorinnen, Figuren, Handlungen	• Fachbegriffe einführen und anwenden, z. B. Titel, Autor_in, Illustrator_in, Verlag, Umschlagtext, Zeile	• Fachbegriffe anhand des Buchs besprechen und anwenden
	• Thematisch ähnliche Bücher kennenlernen	• C. Erbertz: »Freddy und der Wurm«; L. Hach: »Kawasaki hält alle in Atem«; C. Nöstlinger: »Rosa Riedl, Schutzgespenst«

Bildungsstandards	Methoden	Beispiele
• Sich in einer Bücherei orientieren	• Gezielt Bücher suchen	• Bücher zu Reptilien und Fischen suchen • Atlas → Norwegen suchen
• Informationen in Druck- und – wenn vorhanden – elektronischen Medien suchen	• Internetrecherche	• Aquarium in Bergen • Infos über Krokodile, Schlangen usw.
• Die eigene Leseerfahrung beschreiben und einschätzen	• Zum Inhalt des Textes begründet Stellung nehmen	• Die Handlung einzelner Figuren beschreiben und bewerten → Nova, Kine, Eltern • Ist Odd mutig oder nicht? → **k.8**
	• Abschließende Bewertung des Leseerlebnisses	• Feedback-Bogen erstellen → **k.11**
	• Bezüge zur eigenen Lebenswirklichkeit herstellen	• Mögliche Themen: Ausgegrenzt werden oder ausgrenzen, Rolle in der Familie, Freundschaft, Verliebtsein
→ Texte erschließen		
• Verfahren zur ersten Orientierung über einen Text nutzen	• Titelbild und Umschlagtext untersuchen	• Vermutungen zum Titel anstellen
	• Umschlagtext lesen	• Textantizipation äußern
• Gezielt einzelne Informationen suchen	• Fragen zum Text beantworten	→ **k.3–k.6**
	• Den Textinhalt rekonstruieren	• Einen Lückentext ergänzen → **k.2** • Satzstreifen oder Textteile ordnen → **k.3, k.5**
	• Figuren herausarbeiten	• Welche Figuren kommen in der Geschichte vor? • Figurensteckbriefe → **k.3** • Figurenkonstellation zeichnen
	• Kapitel selektiv nach einem bestimmten Aspekt lesen	• Beschreibungen von Odds Gefühlen/Gedanken/Missgeschicken suchen → Odd wird mutiger → **k.6**
	• Die Gedanken und Gefühle der Figuren herausarbeiten	• Mettes Gedanken im Bus
	• Wesentliche Textstellen kennzeichnen (unterstreichen, Randmarkierung, farbig markieren, ...)	• Odds Gefühle → **k.10** • Odds Entwicklung: Angst → Mut → **k.5**
	• Kapitelüberschriften formulieren, sich darüber austauschen und diskutieren	• Alle Kapitel
• Texte genau lesen	• Veränderten Text vorlesen oder vorgeben, Vergleich mit dem Original	• Fehlereinbau in Partnerarbeit: ein Kind baut 3 Fehler in ein Kapitel ein, Partner muss Fehler identifizieren • Aussagen von Figuren zuordnen und Fundstelle angeben → **k.5**
	• Stilmittel finden	• Vergleiche • Sprachbilder (z. B. Kap. 3)
• Texte mit eigenen Worten wiedergeben	• Den Inhalt des Buchs mit eigenen Worten • Wiedergeben	• Mithilfe von Bildern, Moderationskarten, Stichwörtern oder Sätzen • Kapitelexperten benennen, die den Inhalt einzelner Kapitel zusammenfassen
	• Kapitel gliedern	• Zwischenüberschriften finden
• Zentrale Aussagen eines Textes erfassen und wiedergeben	• Roten Faden zur Geschichte erstellen	• Stichwörter zum Nacherzählen der Geschichte notieren
	• Spannungskurve zeichnen	• Spannungserzeugung untersuchen
	• Gefühlskurven zeichnen	• Für Odd
	• Textstellen erklären	→ **k.3**
• Aussagen mit Textstellen belegen	• Aussagen zu einer Fragestellung suchen und Fundstellen angeben	→ **k.4, k.7**

Bildungsstandards	Methoden	Beispiele
• Eigene Gedanken zu Texten entwickeln, zu Texten Stellung nehmen und mit anderen über Texte sprechen	• Leerstellen des Textes ausfüllen	• Odd fragt Rolf, ob Mette auch im Aquarium helfen darf
	• Tagebucheintrag einer Figur verfassen	• Odd am Ende des ersten Tags mit Zack zu Hause (Kap. 13) • Mette nach dem ersten Tag im Aquarium über Odd (Kap. 3/4)
• Bei der Beschäftigung mit literarischen Texten Sensibilität und Verständnis für Gedanken, Gefühle und zwischenmenschliche Beziehungen zeigen	• Handlungen, Verhaltensweisen und Verhaltensmotive der Figuren bewerten	• Warum sind die Mitschüler gemein zu Odd? (Kap. 2 oder 7) • Warum lügt Odd? → **k.3** • Odds Familie → **k.4** • Warum glaubt niemand Odd? → **k.6**
	• Figurenkonstellation herausarbeiten	• Soziogramm zeichnen mit Darstellung von Zu- und Abneigung zwischen Figuren
• Unterschiede und Gemeinsamkeiten von Texten finden	• Vergleich von Texten	• Einen thematisch verwandten Text lesen und vergleichen (z. B. »Ben liebt Anna« – Verliebtsein in der Grundschule)
• Handelnd mit Texten umgehen: z. B. illustrieren, inszenieren, umgestalten, collagieren	• Eine Textstelle im Rollenspiel darstellen	• Odds Familie beim Frühstück (Kap. 6) • Beim Abendessen → **k.4**
	• Eine Szene nachmalen	• Im Aquarium (Kap. 4/5 oder Kap. 7–11) • Odd bringt Zack zurück
	• Einen Brief schreiben	• Brief an Odds Familie → **k.4** • Odd schreibt an Rolf einen Dankesbrief
	• Einen Comic zeichnen	• Odd klaut Zack • Odd bringt Zack zurück → **k.8**
	• Die Geschichte weiterschreiben	• Odd und Mette müssen bei ihrer Arbeit im Aquarium ein Tier einfangen
	• Ein Kapitel aus anderer Perspektive erzählen	• Aus Zacks Perspektive den Aufenthalt bei Odd beschreiben • Fahrt zum Aquarium aus Mettes Sicht
	• Die Geschichte umschreiben	• Das Krokodil stirbt • Das Krokodil hat Kines Hamster gefressen • Die Mutter findet das Krokodil • Das Krokodil beißt Odd • Odd beichtet den Krokodilraub → **k.7**
	• Interview mit einer Figur führen	• Mit dem Lehrer: Wie sehen Sie Ihren Schüler Odd? • Mit Rolf über seinen Job
	• Ein Hörspiel zu einer Szene verfassen	• Odds Alltag (Kap. 1) • Zack muss zurück (Kap. 17–20)
	• Einen fiktiven Dialog zwischen Romanfiguren verfassen	• Odd erzählt Mette, dass er das Krokodil entführt hat (Kap. 12) • Gespräch der Klasse im Bus über den Tag im Aquarium (S. 72)
	• Einen Steckbrief zu einer Figur erstellen	• Odd, Mette, Kine, Nova, Knut, Rolf → **k.3**
→ Texte präsentieren		
• Selbst gewählte Texte zum Vorlesen vorbereiten und sinngestaltend vorlesen	• Eine Textstelle auswählen • Auswahl begründen • Gestaltenden Lesevortrag vorbereiten und üben	• Diese Stelle fand ich besonders witzig/traurig/spannend ...

u.6 VORSCHLAG FÜR EINE UNTERRICHTSEINHEIT

Lesetagebuch

Hier ist Raum für eigene Gedanken und Notizen, aber auch für im Unterricht erarbeitete Aspekte in Form von Kopiervorlagen und anderen erarbeiteten Materialien. So entsteht im Verlauf der Unterrichtseinheit ein individuelles und persönliches Lektürebuch, das als Grundlage für die Reflexion und auch für die Bewertung von Schülerleistungen genutzt werden kann.

Die Kopiervorlagen auf drei Niveaustufen bieten in inklusiven oder stark heterogenen Klassen die Möglichkeit, stärker auf die Bedürfnisse aller Schüler_innen einzugehen und ihnen Erfolgserlebnisse im Umgang mit dem Buch zu ermöglichen.

Die Materialien bieten neben niveauunterschiedlichen Lernphasen in Einzel-, Partner- oder Gruppenarbeit immer wieder auch gemeinsame Phasen, in denen sich alle Schüler_innen der Lerngruppe über ihre Leseprozesse gemeinsam verständigen können. Die Schüler_innen, die auf dem grundlegenden Niveau lernen, arbeiten mit der vereinfachten Textversion »Der Krokodildieb. In Einfacher Sprache«. Einfache Sprache entspricht dem Sprachniveau A2/B1 und richtet sich an Kinder mit LRS oder geringen Deutschkenntnissen.

Die Kopiervorlagen des G-Niveaus (k.1) beziehen sich auf diese Textfassung, die Kopiervorlagen des M-Niveaus (M = mittleres Niveau) (k.1) und des E-Niveaus (E = erweitertes Niveau) (k.1) auf die andere Textfassung.

Erste Textbegegnung

Eine geeignete Alternative zur Herangehensweise, den Titel oder das Titelbild des Buchs zu zeigen und die Schüler_innen Vermutungen dazu äußern zu lassen, wäre, das 1. Kapitel vorzulesen. Danach kann über den Fortgang der Geschichte spekuliert werden. Anschließend wird das Buch ausgeteilt.

Lesen und Erarbeitung der Erzählung

Das Lesen der Erzählung kann teils zu Hause, teils im Unterricht erfolgen. Abhängig von der Lesefähigkeit und der Selbstständigkeit der Kinder kann sich eine freiere Erarbeitung in individuellem Arbeitstempo oder das gemeinsame Erlesen im Klassenverband anbieten. Dabei sollte nicht das laute Reihum-Vorlesen im Vordergrund stehen, da es vor allem bei noch nicht so sicheren Leserinnen und Lesern eher das Textverstehen behindert. Das laute Lesen zeigt lediglich, dass ein Kind die Lesetechnik beherrscht, noch nicht, dass es verstanden hat, was es gelesen hat. Es empfiehlt sich deshalb, vorwiegend Textstellen laut vorlesen zu lassen, die zuvor durch leises Lesen geübt werden konnten.

Zur Sicherung des Leseverständnisses und abschnittsweisen Erarbeitung des Textes lassen sich die Kopiervorlagen **k.2** bis **k.10** einsetzen. Die Aufgaben können dann entweder im eigenen Lese- und Arbeitstempo bearbeitet werden oder im Gleichschritt. Die Kopiervorlagen mit entsprechender Differenzierung sollen ein möglichst breit gefächertes Spektrum an Aufgabenstellungen zeigen, aus dem die Lehrkraft für ihre Lerngruppe auswählen und mit eigenen Arbeitsaufträgen ergänzen kann.

Lösungsvorschläge zu einigen Aufgaben der Kopiervorlagen stehen als Download zur Verfügung. Hier wurden die geschlossenen Aufgabenstellungen mit nur einer korrekten Lösungsmöglichkeit berücksichtigt.

Weitere Arbeit mit der Erzählung

An die gemeinsame Lektüre und Erarbeitung kann sich eine freiere Phase anschließen. Diese Arbeit sollte stärker an den Interessen der Schüler_innen ausgerichtet werden. Es können z.B. die Themen »Freundschaft« oder »Tiere« vertiefend bearbeitet werden. Anregungen hierzu bietet die »Methodenkiste« in diesem Heft (→ **u.5**).

Reflexion der Lektüre

Im Anschluss an das Lese-Projekt sollten Eltern, benachbarte Klassen, Freunde eingeladen werden, denen die Kinder ihr Buch vorstellen und ihre Arbeitsergebnisse präsentieren. In einer abschließenden Gesprächsrunde muss den Kindern noch einmal Raum gegeben werden, ihre Meinung zum Buch und zur Unterrichtseinheit zu formulieren und zu begründen. Als Vorbereitung dazu kann zuvor ein Feedback-Bogen (→ **k.11**) bearbeitet werden.

ⓘ Infoblätter

© Tine Poppe

DIE AUTORIN UND DER ILLUSTRATOR

i.1

Taran Lysne Bjørnstad, geboren 1966 in Norwegen, arbeitet und lebt mit ihrer Familie in England. Sie studierte Medien- und Politikwissenschaften in London und Oslo. Als Medienanalystin hat sie mit dem Schwerpunkt Kinder und Medien geforscht. Inzwischen ist sie hauptberuflich Schriftstellerin, gibt Seminare und Workshops zum Kreativen Schreiben. Sie ist die Mutter von drei Jungen und hat mehrere Kinder- und Jugendbücher geschrieben, die in Norwegen preisgekrönt sind.

»Der Krokodildieb« ist ihr erstes Buch, das in Deutschland erschienen ist, und wurde 2017 für den Deutschen Jugendliteraturpreis (Sparte Kinderbuch) nominiert.

Werke (Auswahl)

- **Gjør det vondt når babyen sparke.** Cappelen (1994) – Kinderbuch (dt.: Tut es weh, wenn das Baby tritt?)
- **Flaut.** Cappelen (2004) – Jugendbuch (dt.: Peinlich)
- **Salto.** Cappelen (2006) – Jugendbuch (dt.: Salto)
- **Sykehusboka.** Aschehoug (2007) (dt.: Krankenhausbuch)
- **DBY.** Cappelen Damm (2009) – Jugendbuch
- **Nesten som før: 11 historier om å være omtrent 14.** Cappelen Damm (2010) – Jugendbuch (dt.: Fast wie zuvor: 11 Geschichten darüber, was mit 14 in ist)
- **MOT.** Cappelen Damm (2011) – Jugendbuch
- **Picassokvinnen.** Cappelen Damm (2012) – Jugendbuch (dt.: Picasso Frauen)
- **Krokodilletyven.** Cappelen Damm (2014) – Kinderbuch (dt.: Der Krokodildieb)

Preise und Auszeichnungen (Auswahl)

2009	Preis für das beste Kinder- und Jugendbuch in Norwegen
2009	Nominierung für den norwegischen Kinder- und Jugendliteraturpreis
2017	Nominierung Deutscher Jugendliteratur Preis

Christoffer Grav, geboren 1983, ist ein norwegischer Illustrator und Grafikdesigner. Er studierte Grafikdesign an der Westerdal School of Communication in Oslo und arbeitet seither freiberuflich für verschiedene Verlage. Er illustriert Kinderbücher, hat aber auch schon eine Graphic Novel herausgegeben und arbeitet als Grafiker für Videospiele.

INTERVIEW MIT TARAN BJØRNSTAD: »ICH GLAUBE, IN JEDEM STECKT EIN STÜCKCHEN ODD«

i.2

Taran Björnstad über Odd, die Entstehung des »Krokodildiebs« und ihre Art zu schreiben

Liebe Frau Björnstad, welche Superkräfte hätten Sie gerne?

Wenn ich eine Superkraft aussuchen könnte? Das ist eine schwierige Entscheidung! Naja, ich glaube, Odd hat eine gute ausgesucht – fliegen können wäre so cool und sehr praktisch, weil meine Freunde überall auf der Welt leben. Es wäre viel leichter und billiger, sie zu besuchen! Und ich könnte eine Superheldin werden! Leuten helfen und sie retten und alle würden zu mir aufschauen und denken, dass ich toll bin ... Aber wissen Sie was? Ich war immer verrückt nach Tieren. Und ich wollte immer mit ihnen reden können und die Tiersprache verstehen. Also das ist meine Wahl, obwohl mich das nicht zur Superheldin macht, aber es wäre wahnsinnig interessant zu wissen, worüber sie reden ... und was sie über uns denken ...

Wie entstand bei Ihnen die Idee zu »Der Krokodildieb«? Was war zuerst da? Das Aquarium in Bergen, der verzweifelte Odd oder der Zwergkaiman?

Ich war zurück in Norwegen, nachdem ich vier Jahre in Asien gelebt hatte. Es war der 30. März. Früh am Morgen lag ich im Bett und hörte die Nachrichten im Radio. Jemand hatte ein Krokodil aus dem Aquarium in Bergen geklaut. Ich lachte und dachte, es sei ein Aprilscherz – wir haben die auch in Norwegen. Doch es war erst der 30. März – also kein Scherz! Jemand hatte wirklich ein Krokodil geklaut, das ein Meter lang war.

Ich fand das so unglaublich ... so erstaunlich ... so dumm ... so witzig ... so seltsam. Wer würde so was machen? Wie klaut man überhaupt ein Krokodil? Und ... wer braucht ein Krokodil? Das setzte meine Fantasie in Gang. Ich nahm mein Notizbuch und schrieb meine Hauptideen für den »Krokodildieb« auf. Vier Jahre später schrieb ich das Buch (es hat so lange gedauert, weil ich zuerst andere Bücher fertig schreiben musste). Das Buch basiert also auf den Notizen dieses Morgens. Es begann also alles mit den Frühnachrichten im Radio.

Wie verlief der Schreibprozess? Haben Sie oft Textteile überarbeitet oder gestrichen?

Ich benutze immer Notizbücher. Dünne schwarze, die ich leicht mit mir herumtragen kann, überall wo ich hingehe. Man weiß nie, wann eine gute Idee auftaucht. Wenn ich an einer Idee arbeite, dann schreibe ich alles, was damit zu tun hat, in mein Notizbuch. Ich stelle meist viele Nachforschungen für meine Bücher an, reise herum und lerne so viel ich kann über das Thema.

Als ich an dem Krokodilbuch gearbeitet habe, ging ich ins Aquarium, um etwas über die Tiere zu lernen. Wenn man schreibt, ist es sehr wichtig, harte Fakten zu haben, mit denen man arbeiten kann. Es macht es leichter, die Geschichte aufzubauen. Es ist wie eine Werkzeugkiste. Man benutzt nicht alles davon, aber es ist da und man kann es verwenden, wenn man es braucht.

Ich schreibe zuerst die Geschichte einmal (Anfang, Mitte und Schluss) mit allen beteiligten Figuren. Normalerweise beginne ich mit der Frage: Was wäre wenn? Wenn ich das Gerüst habe, baue ich mehr um die Figuren, die Handlungsorte und alles drum herum. Ich lerne die Figuren wirklich gut kennen – was sie mögen, was sie nicht mögen, was ihnen gefällt, wovon sie träumen usw. Es ist ein bisschen wie beim Hausbau. Erst kommt die Struktur und dann wird immer mehr dazu gebaut. Und dann schreibe ich und verändere und schreibe und verändere viele, viele Male, bis die Geschichte stimmt.

Sie haben die Geschichte größtenteils aus der personalen Perspektive erzählt – gab es für Sie auch die Alternative, durchgängig in Ich-Perspektive zu schreiben?

Ich habe tatsächlich in der Ich-Perspektive zu schreiben begonnen und habe nach einer Weile in die 3. Person gewechselt. Wenn man in der 1. Person schreibt, muss man sich genau daran halten, was diese Figur sagt und denkt. Die personale Perspektive gibt einem viel mehr Spielraum, Dinge aus verschiedenen Blickwinkeln zu sehen – es ist ein bisschen wie Gott zu sein – man weiß alles über alles und jeden – naja, fast ...

Wie viel der jugendlichen Taran Björnstad steckt in Odd und Mette?

Ich glaube, in jedem steckt ein Stückchen Odd. Ich kann ihn leicht in mir entdecken ... Wir wollen alle Teil einer Gruppe sein. Wir wollen gesehen werden – wir wollen dazugehören und geliebt werden. Wie Odd. Manchmal, wenn wir das Gefühl haben, nicht gesehen zu werden oder geschätzt zu werden, machen wir dumme Sachen – wirklich dumme Sachen ... Ich kann mich auch in Mette sehen – denn wenn ich sie wäre, würde ich Odd auch mögen. Und ich würde ihn als Freund wählen. Odd ist witzig, neugierig und ein bisschen anders. Das gefällt mir wirklich!

Das klingt so, als ob Odd Ihre Lieblingsfigur im Buch wäre ...

Ja, Odd ist fantastisch! Ich mag ihn wirklich. Mette ist sehr gutherzig und süß. Rolf ist ein gutes Vorbild für alle Erwachsenen – er ist ein guter Mensch – und weise – und er ist er selbst, sieht ein wenig unkonventionell aus. Und er geht mit dem Krokodildieb wirklich gut um! Aber wenn ich mir eine Figur aussuchen müsste, wäre es der süße und zugleich seltsame Odd.

Und Ihre Lieblingsstelle?

Meine Lieblingsstelle ist, als Odd das Krokodil zurückbringt. Ich finde, Rolf reagiert so weise und gut auf Odds Reue und Schwierigkeiten. Er gibt Odd die Gelegenheit, die Sache wiedergutzumachen, indem er ihm die Arbeit im Aquarium anbietet. Er bietet ihm auch seine Freundschaft an.

Ist es Ihnen beim Schreiben des Romans vorgekommen, dass sich eine Figur ganz anders entwickelt hat, als Sie es zunächst gedacht haben?

Das ist eine interessante Frage! Ja, in der Tat! Zu Beginn mochte ich Odds Schwester nicht. Aber sie verändert sich im Lauf der Geschichte und wird eine fürsorglichere Schwester als am Anfang. Der Bruder auch – er ist ganz beeindruckt, als Odd die Assistentenstelle im Aquarium bekommt. Es ist witzig, ich werde oft überrascht, wenn meine Figuren sich in eine unerwartete Richtung entwickeln. Das passiert immer wieder. Deshalb schreibe ich so gerne. Die Figuren werden lebendig und treffen ihre eigenen Entscheidungen.

Im Roman finden sich zahlreiche bildhafte Elemente, Vergleiche und Metaphern: Zack als Projektil, die Gänsehaut von Odd vor dem Diebstahl, Mamas Unterschrift wie die Palmeninsel. Bauen Sie solche Elemente bewusst ein oder fließen die Ihnen eher ungeplant aus der Feder bzw. Tastatur?

»Schreiben ist ein Krieg gegen Klischees«, hat einmal ein berühmter Autor gesagt. Das bedeutet, dass man immer versucht, etwas anders zu beschreiben als alle anderen Autoren. Ich versuche immer neue, interessante Wege zu finden, eine Geschichte zu erzählen. Das macht Schreiben und Lesen interessant. Über fast alles wurde schon einmal geschrieben (naja, vielleicht nicht über einen Krokodildieb). Aber man kann es immer anders schreiben. Es kommt darauf an, wie man die Welt sieht, aus welchem Blickwinkel ... und es hat mit Kreativität zu tun. Es ist schwierig, manchmal unmöglich, aber wenn ich einen neuen Weg finde, macht es mich sehr glücklich – und stolz. Aber es ist harte Arbeit. Das erste Wort oder der erste Satz, der einem in den Sinn kommt, ist meist der vertrauteste und gebräuchlichste. Man muss also viel Nachdenken beim Schreiben.

Stand für Sie das Ende der Geschichte von vornherein fest? Wäre es eine Option gewesen, Zack vielleicht sterben zu lassen?

Nein – das Krokodil musste leben! Es wäre zu heftig gewesen, es zu töten. Aber als Autorin habe ich die Möglichkeit, über Leben und Tod der Figuren zu entscheiden. Ich habe einmal über einen Familienhund geschrieben und beschloss, ihn von einem Auto überfahren und sterben zu lassen – es war eine sehr traurige Geschichte, weil alle den Hund liebten und der Hund die Familie zusammenhielt. Als der Hund starb, mussten die Familienmitglieder neu zueinander finden – ich hatte also einen guten Grund, den Hund zu töten. Im Krokodildieb musste das Krokodil nicht sterben. Es war traurig genug, dass Odd so unglücklich und reumütig war. Ich wollte, dass Rolf der Held der Geschichte ist ... und Mette.

Wie würden Sie sich die Behandlung Ihres Romans im Unterricht wünschen?

Der wichtigste Zweck eines Buchs ist, dass es den Leser_innen eine gute Geschichte erzählt. Vielleicht bringt ihn die Geschichte zum Lachen oder Weinen, überrascht ihn – fröhlich oder traurig, das ist egal. Hauptsache, er reagiert auf den Text. Wenn das Buch den Leser dazu bringt, noch ein Buch in die Hand zu nehmen, bin ich begeistert! Lesen ist gut für dich! Lesen macht die Leute zu besseren Menschen. Wenn das Buch Interesse an Reptilien weckt, bin ich sehr stolz. Wenn das Buch Interesse an Freundschaften, Ehrlichkeit und Loyalität weckt, dann ist der Leser eine wundervolle und intelligente Person und ich bin sehr froh, dass er oder sie mein Buch liest.

Welche Erfahrungen machen Sie, wenn Sie aus dem Roman vor Kindern lesen?

Ich lese dieses Buch wirklich gerne in Schulklassen. Es wirft immer viele Fragen auf und gibt Stoff für Diskussionen. Ich glaube, jeder kann Odd auf die eine oder andere Art verstehen.

Auf welches neue Werk von Ihnen dürfen wir uns freuen? Gibt es Pläne?

Im Moment beende ich ein Jugendbuch über ein 16-jähriges Flüchtlingsmädchen, das vor dem Krieg in seiner Heimat flieht, allein durch viele Länder reist, dabei den Horror von Krieg und Flucht erlebt und schließlich in Norwegen Asyl beantragt. Der Titel ist »Sommer in Norwegen« und konzentriert sich auf die Geschichte und die Hoffnung, dass sie geglaubt wird.

Vielen Dank für das Gespräch, Frau Björnstad!

Vielen Dank, dass Sie sich so für mein Buch interessieren. Ich bin sehr stolz und fühle mich geehrt!

(Interview: Regine Schäfer-Munro, Marc Böhmann, Juni 2017; Übersetzung aus dem Englischen: Regine Schäfer-Munro)

i.3

INTERVIEW MIT CHRISTOFFER GRAV: »ODD SOLLTE ETWAS KOMISCH, ABER TROTZDEM LIEBENSWERT AUSSEHEN«

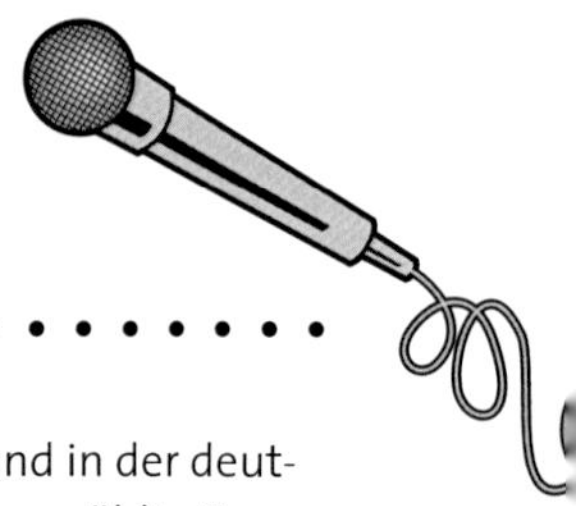

Christoffer Grav über seine Zeichnungen zum »Krokodildieb«, die realen Vorlagen für Zack und sein Lieblingsbild im Buch

Lieber Herr Grav, haben Sie außergewöhnliche Haustiere?

Leider habe ich kein ungewöhnliches Haustier. Aber ich habe einen Hund, eine französische Bulldogge namens Bob. Aber wenn ich ein ungewöhnliches Haustier haben würde, hätte ich am liebsten einen Affen.

Wie kam es dazu, dass Sie »Der Krokodildieb« illustriert haben?

Taran und ich kamen durch unseren Verlag zusammen. Die Chemie zwischen uns hat gleich gestimmt und wir beschlossen, ein Buch zusammen zu machen. Wir lebten zu der Zeit beide in London – das passte perfekt.

Hatten Sie von Anfang an eine Idee davon, wie Odd aussehen könnte?

Ja, ich wollte, dass Odd seltsam ist – ein bisschen anders und komisch, aber trotzdem liebenswert. Nachdem ich das Manuskript gelesen hatte, setzte ich mich gleich hin und begann ihn zu skizzieren. Dieser erste Entwurf ist übrigens im Buch und in der deutschen Ausgabe auf dem Cover. Später erzählte Taran mir, dass sie super nervös war, als sie das erste Bild bekommen hat. Sie hat befürchtet, dass es nicht das Gefühl einfangen würde, das sie für die Figur wollte. Aber sie rief mich total glücklich an und rief: »Das ist wirklich Odd!«

Haben Sie reale Zwergkaimane beobachtet, bevor Sie Zack gezeichnet haben?

Ja. Wir haben einen Ausflug zum Bergener Aquarium gemacht, wo sich der Krokodildiebstahl vor Jahren wirklich ereignet hatte. Der super coole Remi Andersen (auf dem die Figur Rolf basiert) führte uns herum und wir haben die Zwergkaimane kennengelernt – neben all den anderen erstaunlichen Tieren des Aquariums.

Viele Bilder sind aus der Frosch- oder der Vogelperspektive gezeichnet. War das schwer, umzusetzen?

Ich liebe es, aus verschiedenen Perspektiven zu zeichnen. Es ist schwieriger, aber manchmal kann es wirklich eine Stimmung hervorheben. In besonders schwierigen Konstellationen nutze ich Vorlagen. Das können entweder Fotos sein, die ich selbst gemacht habe, oder Szenen, die ich in 3D modelliere.

Als Farben haben Sie vor allem Schwarz und Grau verwendet. Weshalb?

Ich wollte die Realität im Kontrast zu Odds Vorstellungswelt darstellen. Odd ist ein Außenseiter und er hat es zu Hause und in der Schule schwer. Die gedeckten Farbtöne spiegeln wirklich diese Stimmung der Verzweiflung wider.

Das einzige Bild, auf dem alle Farben kräftiger sind, ist am Ende, als Rolf seinen Kopf anhebt und ihm in die Augen schaut und ihn endlich jemand so wahrnimmt, wie er ist.

Odds Wünsche und Ängste sind in der Hardcoverausgabe extra in Neongrün dargestellt. Was wollten Sie damit bezwecken?*

Odd benutzt seine blühende Fantasie (und manchmal seine Lügen), um der Realität zu entkommen, in der er lebt. Ich habe Grün gewählt, weil es so viele passende Eigenschaften hat. Grün ist die Farbe des Lebens, der Erneuerung, der Natur und Energie. Auf der anderen Seite verkörpert Grün auch Neid und Eifersucht.

Zack ist auch leuchtend grün und repräsentiert Odds Hoffnungen und Träume (und seinen Mut). Und als Odd Zack einfängt, wird sein T-Shirt ebenfalls grün.

Welches Bild gefällt Ihnen persönlich am besten?

Schwierige Frage. Hmm! Ich liebe den anatomischen Aufriss von Zack mit dem Hamster von Odds Schwester im Bauch. Ich glaube, das ist mein Lieblingsbild. Es hat auch Spaß gemacht, es zu zeichnen.

Woran arbeiten Sie zurzeit?

Ich arbeite zurzeit als »Art Director« einer Firma, die Computerspiele macht. Hoffentlich mache ich mehr Bücher in der Zukunft. »Der Krokodildieb« war bisher mein Lieblingsprojekt!

(Interview: Regine Schäfer-Munro, Marc Böhmann, April 2017; Übersetzung aus dem Englischen: Regine Schäfer-Munro)

* In der Taschenbuchausgabe sind Odds Wünsche und Ängste in Hellgrau dargestellt.

TABELLARISCHE KAPITELÜBERSICHT i.4

Kap.	Seiten Originalausgabe	Seiten Einfache Ausgabe	Inhalt
Prolog	5	5	Ein Bericht in der »Bergens Zeitung« vom 31. März handelt davon, dass aus dem Aquarium-Zoo ein 60 Zentimeter langer Kaiman verschwunden ist und offenbar gestohlen wurde.
1	7–15	6–13	Odd sitzt in der Schule und denkt daran, welche Superkräfte er gerne hätte. Espen, der Lehrer, ermahnt ihn, dass er noch den Elternzettel für den Aquarium-Besuch abgeben muss, und einige Mitschüler lachen ihn aus. Auch in der nachfolgenden Englisch-Stunde ist Odd abgelenkt und erinnert sich an die Ferien im Sommerhaus seiner Großeltern, als er eine junge Möwe aufgepäppelt hat. Immerhin lächelt ihn seine Mitschülerin Mette an, als er aufschaut. In der Pause wird er von Nova, Knut und Bjarne und anderen geärgert. Er flüchtet aufs Klo, bekritzelt die Wand, wird zum Direktor geschickt und bekommt einen Elternbrief mit. Auf dem Heimweg hat er Angst vor dem großen Hund der Nachbarin. Odd rennt nach Hause und einige ältere Mädchen lachen ihn aus. Zu Hause angekommen möchte er den Hamster seiner großen Schwester Kine streicheln, diese lässt ihn aber nicht. Auch sein großer Bruder Petter hat keine Zeit für ihn. Dann setzt er sich an seine Hausaufgaben.

Kap.	Seiten Original-ausgabe	Seiten Einfache Ausgabe	Inhalt
2	16–23	14–19	Am Dienstagmorgen fällt Odd auf der Autofahrt zur Schule ein, dass er sein Plüscheichhörnchen Nussi zu Hause vergessen hat. Sein Vater fährt noch einmal zurück. In der Schule sieht Nova Nussi in Odds Schulranzen und ärgert ihn, gemeinsam mit Knut und Bjarne, als Baby. Auch seine Wasserflasche ist im Schulranzen ausgelaufen. Im Sportunterricht wirft Odd den Ball auf das Turnhallendach. Nachmittags ist er alleine zu Hause, weil sein Schulkamerad nur vier Freunde einladen darf. Er streitet sich mit seiner Schwester. Beim Abendessen erzählt Odd, dass er in der Schule ständig geärgert wird, aber seine Eltern scheinen sich für seine Probleme nur wenig zu interessieren. Stattdessen gehen sie zu Petters Fußballspiel. Vor dem Fernseher schläft Odd ein.
3	24–25	20–22	Bei der Busfahrt zum Aquarium setzt sich Mette neben Odd. Er ist sehr verlegen und erzählt erfundene Lügengeschichten. Mettes Freundin Lene, die hinter ihnen sitzt, bezeichnet Odd als Lügner.
4	26–33	23–27	Im Aquarium wird die Klasse von Rolf, einem großen tätowierten Tierpfleger, durch die verschiedenen Bereiche des Zoos geführt: zu den Echsen, Spinnen und Schlangen, dann zum Karpfenteich, den Pinguinen und Seehunden. Als Odd den Pinguingang nachahmen möchte, stolpert er in eine Gruppe Mädchen. Dann geht es zu den Fischen, wo die Kinder durch einen großen Glastunnel gehen und die zahlreichen Fische betrachten können.
5	34–37	28–31	Am Ende des ersten Besuchstages geht Rolf mit der Klasse zu den Krokodilen, die im Keller untergebracht sind. Dort stellt Rolf den Kindern den kleinen Kaiman Zack vor. Odd traut sich als einziger, Zack zu streicheln, als er von Rolf gehalten wird. Noch auf der Rückfahrt spürt Odd die Krokodilhaut.
6	38–45	32–37	Zu Hause will Odd seiner Familie viel vom Zoobesuch berichten, aber weder seine Schwester noch seine Eltern haben viel Interesse. Abends im Bett ist Odd wütend auf alle seine Mitmenschen und sein gesamtes Leben. Am allermeisten ärgert ihn aber, dass er vor so vielen Dingen Angst hat und feige und dick ist. Er wäre viel lieber mutig und cool. Er stellt sich vor, wie es wäre, ein gefährliches Krokodil als Freund zu haben, und entwickelt einen Plan.
7	46–51	38–42	Morgens packt sich Odd extra ein Pausenbrot mit mehreren Schinkenscheiben ein und leiht sich den Rucksack seiner Mutter. Auf der Hinfahrt im Bus sitzt Mette wieder neben ihm. Als sie ihn gegen Knut verteidigt, wirft dieser ihr vor, in Odd verliebt zu sein. Am zweiten Besuchstag wird Odd wieder von Bjarne geärgert. Der Lehrer beordert Odd dann zu den Mädchen. Rolf geht mit der Klasse zur Pinguinfütterung.
8	52–56	43–46	Odd schleicht sich von seiner Klasse weg und setzt seinen Plan in die Wirklichkeit um. Er kommt mit Glück und einigen Tricks Richtung Untergeschoss.
9	57–59	47–48	Odd belügt einen Wärter, dass er sein Federmäppchen im Keller verloren habe.
10	60–63	49–50	Im Schlangenkeller findet er die Treppe hinunter zu den Krokodilen. Odd geht voller Angst in den Krokodilraum. Die Tür zum Nebenraum mit den kleinen Krokodilen ist nicht abgeschlossen.
11	64–69	51–55	Odd hat Glück und findet Zack, den kleinen Kaiman in seinem Terrarium. Er will Zack gerade sein Schinkenbrot geben, als von oben eine Frau ruft. Odd wartet, bis wieder alles still ist, und reicht Zack das Brot rein. Zack frisst rasch den Schinken. Als Odds Hände den Nacken und den Schwanz des Kaimans umfassen, verliert Odd das Gleichgewicht und fällt zu Boden. Er hält Zack weiterhin fest und schiebt ihn in den Rucksack. Dann rennt er die Treppen hinauf.
12	70–74	56–59	Odd erfährt, zurück bei der Klasse, dass ihn die ganze Gruppe gesucht hat. Er sagt, er sei auf dem Klo gewesen. Odd muss am Ausgang auf einer Bank warten, bis seine Klasse von der Filmvorführung zurück ist. Er fühlt sich großartig, weil er nun einen starken Freund hat. Mette darf mit ihm warten. Odd spürt, dass er in sie verliebt ist. Im Bus sitzt Odd ganz hinten auf der Rückbank und ist mutig genug, Knut eine freche Antwort zu geben. Niemand bemerkt den Kaiman in Odds Rucksack.

Kap.	Seiten Originalausgabe	Seiten Einfache Ausgabe	Inhalt
13	75–78	60–64	Zu Hause hat Odd den gefräßigen Zack auf den Boden seines Zimmers gesetzt. Seiner Familie verbietet er, in sein Zimmer zu kommen. Als er nachts zur Toilette muss, schnappt der Kaiman nach ihm und holt sich seine Schlafanzughose. Morgens steht für Odd fest, dass er Zack nicht mit in die Schule nehmen wird. Stattdessen will er ihn in den Schrank einschließen. Das gestaltet sich aber schwierig. Eigentlich hat sich Odd das Leben mit seinem neuen Freund leichter vorgestellt.
14	79–84	65–69	Als Odd sich morgens anziehen will, frisst Zack auch Odds Socke. Den Eltern fällt auf, dass die ganze Wurst aus dem Kühlschrank weg ist. Mit einem Trick will Odd den Kaiman in den Schrank lotsen. Doch Zack schläft und reagiert nicht. Dann geht Odd zur Schule, der Kaiman bleibt auf dem Boden seines Zimmers.
15	85–90	70–74	Odd muss in der Schule sagen, dass sein Heft mit den Hausaufgaben noch zu Hause liegt. Dann malt Odd den Kaiman in allen möglichen Situationen im Haus. Mette lächelt ihn an. Auch Nova äußert sich bewundernd zu seinen Bildern. Er schenkt Nova und Mette eines seiner Bilder. Im Sportunterricht traut sich Odd, dem Sportlehrer vorzuschlagen, dass jemand anders als Knut und Bjarne die Sitzfußball-Mannschaften wählen. Kurz darauf gibt Odd auch Knut eine freche Antwort. Mette fragt Odd, ob er mit ihr und Siri nach Hause gehen möchte. Beide Mädchen streicheln den Nachbarshund Hektor, dann umarmt Odd Mette zum Abschied.
16	91–98	75–80	Daheim angekommen bemerkt Odd, dass seine Zimmertür aufsteht. Zack ist nicht drin, auch im Flur, in der Küche und im Wohnzimmer findet er ihn nicht. Im Flur trifft er auf einen großen, stinkenden Krokodilhaufen. Dann findet Odd den Kaiman in Kines Zimmer unter dem Bett, wickelt ihn in ihren Bademantel ein und verfrachtet ihn in seinen Schrank. Als Kine ihren Hamster Schnuppi sucht, kommt Odd ein fürchterlicher Verdacht.
17	99–102	81–83	Odds Papa ruft ihn zum Fernseher, wo gerade ein Bericht über das verschwundene Krokodil läuft. Tierpfleger Rolf schildert unter Tränen, dass sein Liebling Zack wohl gestohlen wurde und dass er unbedingt Wasser und geeignetes Futter benötigt. Odd will Kine sagen, dass Zack Schnuppi gefressen hat, aber sie hat ihren Hamster im Reithelm gefunden. Kine lässt Odd ausnahmsweise den Hamster halten.
18	103–108	84–89	Odd macht sich große Vorwürfe, dass er Zack gestohlen hat. Er stellt ihm eine Plastikwanne mit Wasser hin, aber Zack reagiert nicht. Dann verschlingt Zack auch Nussi, sein Plüscheichhörnchen. Odd ist sehr wütend auf den Kaiman, der jetzt wie benommen auf dem Teppich liegt. Der Junge ist sich jetzt sicher, dass er Zack zurück ins Aquarium bringen muss. Da hört er aus Zacks Körper einen Klingelton. Offenbar hat Zack auch Kines Handy gefressen. Weil Zack sich nicht mehr bewegt, hat Odd große Angst, dass der Kaiman stirbt.
19	109–112	90–93	Bevor Odd abends den bewegungslosen Kaiman in den Rucksack stecken will, würgt Zack das Handy wieder heraus. Dann fährt Odd mit dem Tier auf dem Fahrrad durch die dunkle Stadt Richtung Aquarium. Oben am Aussichtspunkt lungern einige Jugendliche herum, die ihn blöde anquatschen. Einer der Jugendlichen greift ihm in den Rucksack und zieht seine Hand panisch wieder heraus. Sie lassen Odd dann weiterfahren. Er stellt sein Rad vor dem Aquarium ab und geht zu einem Gebäude, wo noch Licht brennt. Odd klingelt an der Tür und sagt Rolf durch die Sprechanlage, dass er Zack zurückbringt.
20	113–121	94–102	Rolf kommt zur Tür und nimmt Odds Rucksack, geht in sein Büro und holt Zack hervor. Er legt ihn in eine Wanne und ruft die Tierärztin an. Dann spricht er mit Odd und geht mit ihm in den Reptilienkeller zu den Wasserbecken. Offenbar geht es Zack noch einigermaßen gut. Odd erklärt Rolf, er habe Zack gestohlen, um es den anderen zu zeigen, damit diese ihn mehr mögen. Rolf sagt Odd, dass seine Aktion schlimm hätte enden können und dass er für den Diebstahl bestraft werden muss. Odd nimmt sich vor, dass er nicht mehr lügen und feige sein möchte. Dann schlägt der Tierpfleger vor, dass Odd ihm samstags bei der Arbeit helfen könnte. Nur Odd und er sollen wissen, was passiert ist.

Kap.	Seiten Original-ausgabe	Seiten Einfache Ausgabe	Inhalt
21	122–124	103–105	Beim Frühstück erzählt Odd seiner Familie, dass er Reptilienassistent im Aquarium wird. Alle sind begeistert. Dann klingelt es und Mette möchte etwas mit Odd unternehmen. Draußen sprechen beide über das verschwundene Krokodil. Odd ist sicher, dass Mette weiß, wo Zack war. Beide gehen in den Stadtpark. Odd überlegt, ob Rolf vielleicht auch eine zweite Assistentin benötigt.
Epilog	125	105	Eine kurze Zeitungsmeldung mit Bild berichtet, dass Zack wieder zurück ist. Auf dem Foto sieht man, wie Reptilienchef Rolf mit den beiden Assistenten und Zack in die Kamera lächelt.

FIGURENKONSTELLATION

i.5

Die Schriftgröße zeigt die Wichtigkeit der Figur für die Geschichte an. Diejenigen Figuren, die Odd eher in seiner Entwicklung hemmen, sind unter Odd platziert. Diejenigen Figuren, die ihn weiterbringen, über ihm.

Auf der linken Seite ist seine Familienwelt, auf der rechten Seite seine schulische Welt dargestellt..

Rolf Lange

- Tierpfleger im Aquarium
- Reptilienchef
- groß, kahlköpfig, tätowiert
- sensibel
- begeistert die Kinder für die Tiere

Mette

- Klassenkameradin von Odd
- braune Locken
- beliebt in der Schule
- findet Odd nett

FAMILIE

Odds Großeltern

- haben ein Haus am Meer
- Opa war früher Professor, ist jetzt dement

Kine

- ältere Schwester von Odd
- reitet in ihrer Freizeit
- behandelt Odd wie ein kleines Kind
- Kines Haustier: Hamster Schnuppi

Petter

- älterer Bruder von Odd
- spielt Fußball in seiner Freizeit

Odds Mutter

- arbeitet zu Hause oft am Laptop
- interessiert sich wenig für Odds Probleme

Odds Vater

- arbeitet außer Haus
- interessiert sich wenig für Odds Probleme

Odd

- neun Jahre alt
- klein, Brillenträger
- zwei ältere Geschwister
- wenig Schulfreunde
- hat vor vielen Dingen Angst
- wäre gerne mutiger
- schwärmt für Mette

Nachbarin und Hektor

- Odd hat vor Hund Hektor große Angst

SCHULE

Jostein

- Mitschüler von Odd
- locker befreundet mit Odd

Lene und Siri

- Mitschülerinnen von Odd
- mit Mette befreundet

Lehrer

- Espen, Klassenlehrer
- Herr Pedersen, Sportlehrer

Nova, Bjarne, Knut

- Mitschüler von Odd
- ärgern Odd oft

Lesezeichen und Zeilometer

Dieses Lesezeichen hilft dir, einzelr Textstellen zu finden oder dich mit deiner Mitschülerinne Mitschülern über bestimmt Textstellen zu unterhalten: Lege dazu einfc das Zeilometer an den oberen Buchrand. Die Zahlen sind dann die jeweiligen Zeile Natürlich kannst du dein Zeilometer auch individue gestalten.

Lesezeichen und Zeilometer

Dieses Lesezeichen mit Zeilometer hilft dir, wenn du eine Textstelle genau angeben möchtest. Du legst das Zeilometer oben an die Buchseite, so kannst du ablesen, in welcher Zeile etwas steht.

ACHTUNG: Manchmal beginnt der Text z. B. erst ab Z. 10. Dann nicht den Zeilometer verrutschen. Es wird immer oben angelegt.

Besonders schön wird dein Lesezeichen, wenn du es auf Pappe klebst, bunt anmalst und anschließend folierst.

Odd hätte ab und zu gerne Superkräfte …

»Wenn ich fliegen könnte …«

1. In den ersten beiden Kapiteln erfährst du einiges über Odd. Ergänze die Lücken.

Odd sitzt in der Schule und denkt daran, welche ______________________ er gerne hätte.

In der Pause wird er von Nova, Bjarne und Knut __________________ und flüchtet aufs Klo.

Weil er dort die Wände bekritzelt, muss er zum ________________________.

Auf dem Heimweg hat er große Angst vor dem Hund der ________________________.

Zu Hause haben seine ________________________ keine Zeit für ihn.

Am nächsten Tag ärgern ihn einige Kinder,

weil er sein Kuscheltier ________________________ mit in die Schule genommen hat.

Abends erzählt Odd seinen ________________________ von seinen Problemen.

Aber sie interessieren sich nicht so sehr dafür,

weil sie zu Petters ________________________ gehen.

Tipp
Aus diesen Silben bestehen die Lückenwörter.
är • ba • ball • Ge • Di • El • Fuß • ge • gert • kräf • Nach • Nus • per • rek • rin • schwis • si • spiel • Su • te • ter • tern • tor

2. Odd würde gerne fliegen können.
Welche Superkraft hättest du gerne? Warum?

Ich würde gerne ____ können,

weil ____

____.

3. Spielt die Situation auf Seite 15 und 16 in einer Gruppe nach.

a) Überlegt zuerst, welche Sprecher und Requisiten ihr braucht.
Unterstreicht vor dem Rollenspiel die Dialoge (was jemand sagt) farbig.

b) Sprecht nach dem Spielen in der Klasse darüber, wie ihr euch in euren Rollen gefühlt habt.

»Wenn ich fliegen könnte ...«

Odd hätte ab und zu gerne Superkräfte ...

1. In den ersten beiden Kapiteln erfährst du einiges über Odd. Ergänze die Lücken und schreibe dann alle Sätze in dein Heft oder deinen Leseordner.

Odd sitzt in der Schule und denkt daran, welche ______________ er gerne hätte.

In der Pause wird er von Nova, Bjarne und Knut ______________ und flüchtet aufs Klo.

Weil er dort die Wände bekritzelt, muss er zum ______________. Auf dem Heimweg hat er große Angst vor dem Hund der ______________. Auch zu Hause wollen weder seine ______________ noch sein ______________ mit ihm etwas unternehmen. Am nächsten Tag ärgern ihn einige Mitschüler, weil er sein Plüscheichhörnchen ______________ mit in die Schule genommen hat. Abends erzählt Odd seinen ______________ von seinen Problemen, aber diese interessieren sich nicht so sehr dafür, weil sie zu Petters ______________ gehen.

Tipp: Aus diesen Silben bestehen die Lückenwörter. Vier Silben bleiben übrig. Mit ihnen kannst du ein Wort bilden, das zum Buch passt.

A • är • ba • ball • Bru • der • Di • El • Fuß • ge • gert • kräf • Nach • Nus • per • qua • rek • ri • rin • Schwes • si • spiel • Su • te • ter • tern • tor • um

2. Odd würde gerne fliegen können. Welche Superkraft hättest du gerne? Warum?

____,

weil ____

____

____.

3. Spielt die Situation auf Seite 17 bis 20 in Gruppen nach. Überlegt zuerst, welche Sprecher und Requisiten ihr braucht. Sprecht anschließend in der Klasse darüber, wie ihr euch in euren Rollen gefühlt habt.

Tipp: Unterstreiche vor dem Rollenspiel die Dialoge farbig. Überlege ein Adjektiv, wie die Sätze gesprochen werden könnten.

»Wenn ich fliegen könnte …«

Odd hätte ab und zu gerne Superkräfte …

1. Im 1. und 2. Kapitel lernst du Odd, seine Klassenkameraden und seine Familie kennen.

a) Lege ein Blatt in deinem Leseordner für die Familie an und eines für die Personen in der Schule. Schreibe auf, wie sie heißen und was du bisher über sie erfahren hast.

b) Schreibe dann mit einer anderen Farbe dazu, wie du das Verhalten der Personen findest.

2. Bist du ein Sprachprofi? Erkläre, was hier gemeint ist

a) »Aufwachen, Odd, hier vorn spielt die Musik.« (S. 8)

____

____

b) »Die ziehen mich immer noch auf«, sagt Odd und kriegt seine Stimme nicht richtig in den Griff. (S. 22)

____

____

3. Odd würde gerne fliegen können.

a) Was würde er dann tun? Suche die Stellen im Text und notiere die Seiten.

____

b) Welche Superkraft hättest du gerne? Begründe.

____,

weil ____

____

____.

4. Spielt die Situation auf Seite 17 bis 20 in einer Gruppe nach. Überlegt zuerst, welche Sprecher und Requisiten ihr braucht. Sprecht anschließend in der Klasse darüber, wie ihr euch in euren Rollen gefühlt habt.

Tipp Unterstreiche vor dem Rollenspiel die Dialoge farbig. Überlege ein Adjektiv, wie die Sätze gesprochen werden könnten.

Heute ist der Ausflug ins Aquarium

Odd besucht mit der Klasse das Aquarium …

1. Mette setzt sich im Bus neben Odd. Wie fühlt er sich, was sagt er? Ergänze die fehlenden Wörter in den Lücken. Schaue im Buch auf Seite 21 und 22 nach.

a) So fühlt sich Odd, als er neben Mette sitzt:

Er hält die ________________ an. Odd spürt ihren Atem an seinem ________________.

Ihre Haare duften nach ____________. Odd kriegt schon wieder ______________ Ohren.

Und in seinem Bauch kribbelt es, als wären dort __________________.

Er fängt an zu __________________ und findet nicht die richtigen __________________.

b) Das sagt Odd:

»Weißt du nicht, dass dort __________________ herum·kriechen?

Und an der Decke krabbeln __________________ Monster·spinnen.

Und es gibt __________________ mit Killer·zähnen.«

»Doch, das stimmt. Manche ___________________________ können dich sogar fressen.«

2. Was meinst du? Beantworte die Fragen in deinem Heft oder Lesetagebuch.

a) Wie findet Odd Mette?

b) Warum macht er Mette Angst?

3. In Kapitel 4 lernst du Rolf kennen.
Zeichne Rolf in dein Lesetagebuch oder auf ein Blatt.
Schreibe um deine Abbildung herum alle Beschreibungen von Rolf.

4. Rolf weiß viel über Tiere. Kannst du die Informationen richtig zuordnen? Verbinde.

Der Pfeilschwanzkrebs ●	● haben zur gleichen Zeit wie Dinosaurier gelebt.
Die meisten Piranha-Arten ●	● hat blaues Blut.
Manche Karpfen ●	● saugen gerne an Schnullern.
Die Boa Constrictor ●	● kann über drei Meter lang werden.
Krokodile ●	● sind Pflanzenfresser.

Heute ist der Ausflug ins Aquarium

Odd besucht mit der Klasse das Aquarium …

1. Mette setzt sich im Bus neben Odd. Was nimmt Odd von Mette wahr? Was passiert mit ihm? Schreibe in die Tabelle.

Das nimmt Odd wahr	Das passiert mit Odd

2. Was meinst du? Beantworte die Fragen in deinem Heft oder Lesetagebuch.

a) Wie findet Odd Mette?

b) Warum macht er Mette Angst?

3. In Kapitel 4 lernst du Rolf kennen. Schreibe auf, was du über Rolf erfährst. Zeichne ihn dazu in dein Lesetagebuch oder auf ein Blatt. Schreibe um deine Abbildung herum alle Beschreibungen von Rolf.

4. Rolf weiß viel über Tiere. Kannst du die Informationen richtig zuordnen?

Der Pfeilschwanzkrebs ●	● haben zur gleichen Zeit wie Dinosaurier gelebt.
Die meisten Piranha-Arten ●	● ist nicht giftig.
Manche Karpfen ●	● hat blaues Blut.
Die Boa Constrictor ●	● saugen gerne an Schnullern.
Der Biss der Rattenschlange ●	● kann über drei Meter lang werden.
Krokodile ●	● sind Pflanzenfresser.

Heute ist der Ausflug ins Aquarium

Odd besucht mit der Klasse das Aquarium …

1. Mette setzt sich im Bus neben Odd. Was nimmt Odd von Mette wahr? Was passiert mit ihm? Schreibe in die Tabelle.

Das nimmt Odd wahr	Das passiert mit Odd

2. Auf Seite 24 und 25 steht: »Das kann er nicht beantworten, weil die Wörter Flügel kriegen und einfach davonflattern …«.

a) Was könnte damit gemeint sein? Erkläre mit eigenen Worten.

b) Hast du so etwas schon erlebt? Erzähle deinem Partner/ deiner Partnerin.

3. Lene sagt: »Odd lügt, wie immer.« Was denkst du, warum Odd lügt? Schreibe deine Vermutungen in dein Heft oder Lesetagebuch.

4. In Kapitel 4 lernst du Rolf kennen. Schreibe auf, was du über Rolf erfährst. Zeichne dazu Rolf in dein Lesetagebuch oder auf ein Blatt. Schreibe außenherum alle Beschreibungen von Rolf.

5. Rolf weiß viel über Tiere. Kannst du dich erinnern, was er zu diesen Tieren sagt? Schreibe es auf.

Pfeilschwanzkrebs: ____________________

Piranha: ____________________

Karpfen: ____________________

Boa Constrictor: ____________________

Rattenschlange: ____________________

Krokodile: ____________________

Ein Krokodil ausleihen?

Odd fasst einen Plan …

1. Lies die Szene beim Abendessen auf Seite 32 und 33 noch einmal.
Odd möchte gerne vom Aquarium erzählen. Wie reagiert seine Familie?
Unterstreiche die Textstellen und schreibe dann auf.

Mama: ______________________________

Papa: ______________________________

Kine: ______________________________

Petter: ______________________________

2. a) Wie findest du das Verhalten von Odds Familie? Tausche dich mit einem Partner oder einer Partnerin aus.

b) Hast du so eine Situation schon einmal erlebt? Wie hast du dich dabei gefühlt? Sprecht in der Gruppe darüber.

3. Als Odd im Bett ist, kann er nicht schlafen. Er hat eine riesige Wut.

Unterstreiche im Text (S. 34), worauf er wütend ist.

Kreuze dann die richtigen Aussagen an. Kannst du die Sätze ergänzen?

- ☐ Er ist wütend auf seinen Klassenlehrer Espen, weil ______________________.
- ☐ Er ist wütend auf Nova, Knut und Bjarne, weil ______________________.
- ☐ Er ist wütend auf Mette, weil ______________________.
- ☐ Er ist wütend auf Monsterhunde, Dunkelheit und Fahrstühle, weil ______________________.
- ☐ Er ist wütend auf Rolf, weil ______________________.
- ☐ Er ist wütend auf Mama und Papa, weil ______________________.
- ☐ Er ist wütend auf Kine und Petter, weil ______________________.
- ☐ Er ist wütend auf sich selbst, weil ______________________.

4. Wie wäre Odd gerne? Schreibe die Textstelle in dein Heft oder Lesetagebuch.

5. Dann hat Odd eine Idee. Was möchte er gerne machen und warum? Schreibe es ebenfalls auf.

Ein Krokodil ausleihen?

Odd fasst einen Plan …

1. Lest die Szene beim Abendessen auf Seite 38 bis 40 mit verteilten Rollen.

2. Was denkst du: Warum glaubt niemand Odd, dass er das Krokodil gestreichelt hat? Begründe. Schreibe in dein Heft oder Lesetagebuch.

3. Arbeite mit der Methode *Think – Pair – Share* heraus, wie sich Odds Familie verhält. Wie beurteilst du deren Verhalten?

a) Überlege zuerst alleine *(Think).*

b) Tausche dich dann mit einem anderen Kind aus *(Pair).*

c) Sammelt danach eure Ideen in der Klasse *(Share).*

Methode

Think – Pair – Share: Diese Methode dient dazu, Ideen und Gedanken zu einer Frage zunächst allein zu sammeln *(Think).* Diese werden dann mit einer Partnerin oder einem Partner ausgetauscht und weiterentwickelt *(Pair).* Zum Schluss tauschen sich jeweils zwei Paare oder alle Zweiergruppen in der Klasse zu ihren Ideen und Gedanken aus *(Share).* Das Ergebnis kann auf einem Plakat festgehalten werden.

4. Odd hat eine Riesenwut.

a) Unterstreiche im Text, worauf er sauer ist.

b) Warum ist Odd sauer auf sich selbst? Schreibe die Textstelle in dein Heft oder Lesetagebuch.

5. Wie wäre Odd gerne? Schreibe um seinen Kopf herum.

6. Dann hat Odd eine Idee.

a) Was möchte er gerne machen und warum? Schreibe in dein Heft oder Lesetagebuch.

b) In seinem Kopf sammelt Odd viele gute Argumente für seine Idee. Schreibe sie ebenfalls auf.

Ein Krokodil ausleihen?

Odd fasst einen Plan …

1. Lest die Szene beim Abendessen auf Seite 38 bis 40 mit verteilten Rollen.

für Profis: Vielleicht könnt ihr die Szene auch in Alter-Ego-Technik darstellen. Dabei wird jede Figur von zwei Darstellern verkörpert. Ein Schüler stellt dar, was die Figur sagt und macht, der andere Schüler stellt dar, was diese Figur denkt.

für Profis: Versucht, die Szene anders zu spielen und einen harmonischeren oder noch streitsüchtigeren Gesprächsverlauf darzustellen.

2. Was denkst du: Warum glaubt niemand Odd, dass er das Krokodil gestreichelt hat? Begründe. Schreibe in dein Heft oder Lesetagebuch.

3. Wie beurteilst du das Verhalten von Odds Familie? Schreibe einen Brief an eines der Familienmitglieder in dein Heft oder Lesetagebuch. Schreibe ihm/ihr, was du über die Situation denkst. Gib Tipps, wie sie anders mit Odd umgehen könnten.

> Liebe Mama von Odd / Lieber Papa von Odd / Lieber Petter / Liebe Kine,
> nachdem ich viel über eure Familie nachgedacht habe, bin ich zu der Meinung gekommen, dass …
> Vielleicht könntest du einmal versuchen, …
> Ich wünsche euch alles Gute!
>
> Eure/Euer …

4. Odd hat eine Riesenwut.

a) Unterstreiche im Text, worauf er sauer ist.

b) Warum ist Odd sauer auf sich selbst? Schreibe die Textstelle in dein Heft oder Lesetagebuch.

5. Wie wäre Odd gerne? Schreibe um seinen Kopf herum.

6. Beantworte die folgenden Fragen in deinem Heft oder Lesetagebuch:

a) Odd hat eine Idee. Was möchte er gerne machen und warum?

b) Welche Argumente sammelt Odd in seinem Kopf für seine Idee?

c) Hast du Zweifel an Odds Idee?

»Alles klar, Kumpel«

Odd setzt seinen Plan in die Tat um …

1. Wie setzt Odd seinen Plan in die Tat um?
Nummeriere die Texte in der richtigen Reihenfolge.

Dann muss er noch eine zweite Treppe runter gehen. ☐	Ein Pfleger spricht ihn an, ob er sich verlaufen hat. Odd sagt, er habe seine Federmappe verloren und wolle sie im Keller suchen. ☐
Espen hat ihn vermisst. Odd sagt: »Ich war auf dem Klo.« ☐	Endlich ist er bei Zack. Er füttert ihm Schinken. Dann packt er das Krokodil. ☐
Schließlich rennt er zur Klasse zurück. ☐	Zack zappelt und Odd landet auf dem Boden. Dann steckt er das Reptil in den Rucksack. ☐
	Er geht an den Schlangen und Spinnen vorbei. ☐
	Die Klasse füttert die Pinguine mit Fischen. In der Zeit schleicht Odd sich weg. ☐

2. Was denkt Odd, als er im Bus sitzt? Schreibe die Textstelle in die Denkblase.

3. Was denkst du, wie es mit Odd und dem Krokodil weitergeht?
Schreibe deine Vermutungen in dein Heft oder Lesetagebuch.

»Alles klar, Kumpel«

Odd setzt seinen Plan in die Tat um …

1.

Wer sagt was? Schreibe auf, wo im Text du die Zitate findest. Benutze dein Zeilometer.

	Wer?	Wo?
a) Träum weiter.		S. , Z.
b) Kann ich mir deinen Rucksack leihen?		
c) Liegen auf der Kellertreppe.		
d) Du hast gestern gelogen.		
e) Bist du in Odd verliebt?		

2.

Wie setzt Odd seinen Plan in die Tat um? Nummeriere die Kästchen in der richtigen Reihenfolge und schreibe sie dann ab.

Dann muss er noch eine Etage tiefer und an den großen Krokodilen vorbei. Schon 15 Minuten sind vergangen. ☐	Ein Pfleger spricht ihn an, ob er sich verlaufen hat. Odd sagt, er habe sein Federmäppchen verloren und wolle es im Keller suchen. ☐
Die Klasse geht weiter zu den Seehunden, Odd bleibt zurück. Dann rennt er Richtung Treppe. ☐	Endlich ist er bei Zack. Er füttert ihm Schinken. Dann packt er das Krokodil. Das zappelt unerwartet und Odd landet auf dem Boden. Dann steckt er das Reptil in den Rucksack. ☐
Schließlich rennt er zur Klasse zurück. ☐	
	Er geht an den Schlangen und Spinnen vorbei, als der Pfleger ihm nochmal zuruft, dass er das Licht brennen lässt. ☐
	Die Klasse füttert die Pinguine mit Heringen. In der Zeit schlüpft Odd in einen kleinen Gang. ☐

3.

Wie fühlt sich Odd während der Aktion im Zoo? ______________________

Schreibe drei Textstellen auf, die das Gefühl beschreiben. Schreibe dazu, auf welcher Seite du sie gefunden hast.

______________________ (S.)

______________________ (S.)

______________________ (S.)

»Alles klar, Kumpel«

Odd setzt seinen Plan in die Tat um …

1. Wie setzt Odd seinen Plan in die Tat um? Nummeriere die Kästchen in der richtigen Reihenfolge und schreibe sie dann ab. Setze dabei die richtigen Wörter ein.

☐ Dann muss er noch eine Etage tiefer und an den großen Krokodilen vorbei. Schon ____ Minuten sind vergangen.

☐ Ein ______________ spricht ihn an, ob er sich verlaufen hat. Odd sagt, er habe sein ______________________ verloren und wolle es im Keller suchen.

☐ Die Klasse geht weiter zu den ______________________, Odd bleibt zurück. Dann rennt er Richtung Treppe.

☐ Endlich ist er bei Zack. Er füttert ihm ________________. Dann packt er das Krokodil. Das zappelt unerwartet und Odd landet auf dem Boden. Dann steckt er das Reptil in den ____________________.

☐ Schließlich rennt er zur ____________ zurück.

☐ Er geht an den Schlangen und Spinnen vorbei, als der Pfleger ihm nochmal zuruft, dass er das ______________ brennen lässt.

☐ Die Klasse füttert die Pinguine mit ________________. In der Zeit schlüpft Odd in einen kleinen Gang.

2. Wie fühlt sich Odd während der Aktion im Zoo? ______________________________

Schreibe drei Textstellen auf, die das Gefühl beschreiben. Schreibe dazu, auf welcher Seite du sie gefunden hast.

______________________________ (S.)

______________________________ (S.)

______________________________ (S.)

3. Was denkst du, wie es mit Odd und dem Krokodil weitergehen könnte? Schreibe mindestens drei Vermutungen auf.

Möglichkeit A	Möglichkeit B	Möglichkeit C

»Willkommen in deinem neuen Zuhause«

Ein Krokodil im Kinderzimmer zu haben, ist nicht so einfach, wie Odd es sich vorgestellt hatte …

1. Zack verschlingt alles, was ihm zwischen die Zähne kommt.
Lies noch einmal Kapitel 13 und 14.
Streiche durch, was Zack nicht gefressen hat.

2. Odd sagt in den Kapiteln 14 und 15 ein paar Mal die Wahrheit, z. B. dass das Krokodil im Weg lag und er deshalb seine Hausaufgaben nicht einpacken konnte.
Warum glaubt ihm keiner?
Schreibe deine Vermutung in deinem Heft oder Lesetagebuch auf.
Besprich dann deine Ideen mit einem Partner oder einer Partnerin.

3. Obwohl Odd Zack zu Hause gelassen hat, ist er in der Schule schon etwas mutiger geworden.
Lies noch einmal Kapitel 15 (Seite 70 bis 74).
Unterstreiche die Stellen, wo Odd etwas Mutiges sagt.
Schreibe drei Dinge auf, die er sagt.

____

____

____

»Willkommen in deinem neuen Zuhause«

Ein Krokodil im Kinderzimmer zu haben, ist nicht so einfach, wie Odd es sich vorgestellt hatte …

1. Zack verschlingt alles, was ihm zwischen die Zähne kommt.
Lies noch einmal die Kapitel 13 und 14.
Schreibe auf, was Zack alles schon gefressen oder gebissen hat.

2. Odd erzählt in den Kapiteln 14 und 15 ein paar Mal die Wahrheit über das Krokodil.

a) Suche die Stellen und schreibe sie in dein Heft oder Lesetagebuch.

b) Warum glaubt ihm keiner? Schreibe deine Vermutungen auf. Besprich dann deine Ideen mit einem Partner oder einer Partnerin.

3. Obwohl Odd Zack zu Hause gelassen hat, ist er schon etwas mutiger geworden.
Unterstreiche die Stellen im Buch.
Beschreibe danach drei Situationen aus Kapitel 15.

»Willkommen in deinem neuen Zuhause«

Ein Krokodil im Kinderzimmer zu haben, ist nicht so einfach, wie Odd es sich vorgestellt hatte …

1. Zack verschlingt alles, was ihm zwischen die Zähne kommt. Lies noch einmal die Kapitel 13 und 14. Schreibe auf, was Zack alles schon gefressen oder gebissen hat.

2. Odd hat sich das Leben mit dem Krokodil etwas leichter vorgestellt. Was hat er sich von dem Krokodil erhofft?

3. Odd sagt in den Kapiteln 14 und 15 ein paar Mal die Wahrheit, z. B. dass das Krokodil im Weg lag und er deshalb seine Hausaufgaben nicht einpacken konnte.
Warum glaubt ihm keiner?
Schreibe zunächst deine Vermutungen in deinem Heft oder Lesetagebuch auf.
Besprich dann deine Ideen mit einem Partner oder einer Partnerin.

4. Obwohl Odd Zack zu Hause gelassen hat, ist er schon etwas mutiger geworden.
Unterstreiche zuerst die Stellen im Buch.
Beschreibe danach drei Situationen aus Kapitel 15.

»Wo ist Schnuppi?«

Als Odd von der Schule kommt, ist Zack verschwunden …

1. Richtig oder falsch? Kreuze an. Schreibe die fehlenden Fundstellen dazu.

	r	f	Seite
a) Als Odd von der Schule kommt, ist Zack nicht in seinem Zimmer.	◯	◯	75
b) In der Küche findet Odd einen Kackhaufen.	◯	◯	
c) Endlich findet Odd das Krokodil in Kines Zimmer unter dem Bett.	◯	◯	77
d) Zack hat Schnuppi gefressen.	◯	◯	83
e) Im Fernsehen berichtet der Direktor vom Aquarium, dass ein Krokodil geklaut wurde.	◯	◯	
f) Zack frisst auch noch Nussi.	◯	◯	85
g) In Zacks Bauch klingelt Kines Wecker.	◯	◯	
h) Odd hat Angst, dass Zack sterben könnte.	◯	◯	

2. Odd sieht im Fernsehen einen Bericht, dass Zack verschwunden ist.
Spiele mit einer Partnerin oder einem Partner den Fernsehbericht. Ein Kind ist Rolf, das andere der Moderator. Schreibt zuerst auf, was beide Personen sagen.

Moderator	Rolf
Guten Abend, meine Damen und Herren. Im Aquarium ist heute ein Zwergkaiman verschwunden. Rolf Lange ist der Chef der Reptilienabteilung. Er kann sich nicht erklären, wie es dazu kommen konnte. Aber hören Sie selbst von ihm …	

3. Wie fühlt sich Odd, nachdem er Rolf im Fernsehen gesehen hat?
Beantworte die Frage in deinem Heft oder Lesetagebuch.

4. Schreibe in Stichworten in dein Heft oder Lesetagebuch, wie die Geschichte enden könnte.

»Wo ist Schnuppi?«

Als Odd von der Schule kommt, ist Zack verschwunden …

1. Richtig oder falsch? Kreuze an. Schreibe die genaue Fundstelle dazu.

	r	f	Seite
a) Als Odd von der Schule kommt, kann er Zack nicht finden.	○	○	
b) In der Küche findet Odd einen Kackhaufen.	○	○	
c) Endlich findet Odd Zack in Kines Zimmer unter dem Bett.	○	○	
d) Zack hat Schnuppi gefressen.	○	○	
e) Im Fernsehen berichtet der Direktor des Aquariums vom Krokodildiebstahl.	○	○	
f) Nussi wird auch noch von Zack verschlungen.	○	○	
g) In Zacks Bauch klingelt Kines Handy.	○	○	
h) Odd befürchtet, dass Zack sterben könnte.	○	○	

2. Odd sieht im Fernsehen einen Bericht, dass Zack verschwunden ist.
Spiele mit einer Partnerin oder einem Partner den Fernsehbericht (Seite 99 bis 101).

3. Wie fühlt sich Odd, nachdem er Rolf im Fernsehen gesehen hat?
Beantworte die Frage in deinem Heft oder Lesetagebuch.

4. Odd möchte sich gerne jemandem anvertrauen: einmal seinem Vater und dann Kine.

a) Stell dir vor, Odd erzählt sein Geheimnis. Spiele mit einem anderen Kind das Gespräch zwischen Odd und seinem Vater oder seiner Schwester.

> **Tipp**
> Überlege zuerst, wie der Vater oder Kine reagieren könnte:
> *ungläubig* (Was? Du? Das gibt's doch gar nicht! Ist das wieder eine von deinen Geschichten?)
> *streng/vorwurfsvoll* (Bist du wahnsinnig? Was hast du dir dabei denn gedacht? Weißt du, wie gefährlich dieses Untier ist?)
> *verständnisvoll* (Ach deshalb ist so viel Wurst verschwunden. Wie hast du das denn geschafft? Hattest du denn keine Angst?)

b) Wie geht die Geschichte aus? Schreibe in Stichworten in deinem Heft oder Lesetagebuch auf, wie die Geschichte enden könnte.

»Wo ist Schnuppi?«

Als Odd von der Schule kommt, ist Zack verschwunden …

1. Richtig oder falsch? Kreuze an. Schreibe die genaue Fundstelle dazu.

	r	f	Seite
a) Als Odd von der Schule kommt, kann er Zack nicht finden.	○	○	
b) In der Küche findet Odd einen Kackhaufen.	○	○	
c) Endlich findet Odd Zack in Kines Zimmer unter dem Bett.	○	○	
d) Zack hat Schnuppi gefressen.	○	○	
e) Im Fernsehen berichtet der Direktor des Aquariums vom Krokodildiebstahl.	○	○	
f) Nussi wird auch noch von Zack verschlungen.	○	○	
g) In Zacks Bauch klingelt Kines Handy.	○	○	
h) Odd befürchtet, dass Zack sterben könnte.	○	○	

2. Nachdem Odd im Fernsehen gesehen hat, wie verzweifelt Rolf über Zacks Verschwinden ist, beichtet er zweimal beinahe seine Tat: einmal seinem Vater und dann Kine.

a) Stell dir vor, er lüftet das Geheimnis. Schreibe das Gespräch zwischen Odd und seinem Vater oder seiner Schwester auf. Lest eure Gespräche anschließend mit verteilten Rollen vor.

Tipp

Überlege zuerst, wie der Vater oder Kine reagieren könnte:
ungläubig (Was? Du? Das gibt's doch gar nicht! Ist das wieder eine von deinen Geschichten?)
streng/vorwurfsvoll (Bist du wahnsinnig? Was hast du dir dabei denn gedacht? Weißt du, wie gefährlich dieses Untier ist?)
verständnisvoll (Ach deshalb ist so viel Wurst verschwunden. Wie hast du das denn geschafft? Hattest du denn keine Angst?)

b) Wie geht die Geschichte aus? Schreibe in Stichworten in deinem Heft oder Lesetagebuch auf, wie die Geschichte enden könnte.

»Ich dachte, dass sie mich dann vielleicht mögen«

Odd bringt Zack zurück ins Aquarium …

1. Verbinde die Satzteile, die richtig zusammenpassen.

Als Odd zum Aquarium kommt	er nicht wollte, dass es Zack schlechtgeht.
Odd klingelt und	dass die anderen Kinder ihn dann mögen.
Rolf packt Zack aus und	Rolf öffnet ihm die Tür.
Er fragt Odd,	untersucht ihn genau.
Odd erzählt, dass er dachte,	ist die Tür verschlossen.
Es tut ihm leid, weil	Odd bestraft werden muss.
Rolf findet, dass	warum er Zack geklaut hat.

2. Dass Odd Zack mit nach Hause genommen hat, bleibt nicht ohne Folgen für ihn. Beantworte die Fragen in deinem Heft oder Lesetagebuch.

a) Welche »Strafe« überlegt sich Rolf für Odd?

b) Findest du die Strafe gut? Warum? Begründe.

3. Bearbeite mit der Methode *Think – Pare – Share* die folgende Frage.

Ist Odd ängstlich, mutig oder beides zugleich?

a) Trage in einer Tabelle Situationen aus der gesamten Geschichte ein, in denen Odd ängstlich war, und solche, in denen er mutig war. *(Think)*
Schreibe in dein Heft oder Lesetagebuch.

Hier war Odd ängstlich	Hier war Odd mutig

b) Vergleiche deine Lösung mit einer Partnerin oder einem Partner und ergänzt, wenn ihr weitere Situationen findet. *(Pair)*

c) Tragt eure Ergebnisse in der Klasse zusammen. *(Share)*

d) Bildet zwei Gruppen in der Klasse. Führt eine Pro-Kontra-Diskussion durch. Eine Gruppe vertritt die Meinung, dass Odd ein Feigling ist. Die andere argumentiert, dass Odd ganz schön mutig ist.

Methode

Think – Pair – Share: Diese Methode dient dazu, Ideen und Gedanken zu einer Frage zunächst allein zu sammeln *(Think)*. Diese werden dann mit einer Partnerin oder einem Partner ausgetauscht und weiterentwickelt *(Pair)*. Zum Schluss tauschen sich jeweils zwei Paare oder alle Zweiergruppen in der Klasse zu ihren Ideen und Gedanken aus *(Share)*.

»Ich dachte, dass sie mich dann vielleicht mögen«

Odd bringt Zack zurück ins Aquarium …

1. Beende die Satzanfänge:

Als Odd zum Aquarium kommt ____________________.

Odd klingelt und ____________________.

Rolf packt Zack aus und ____________________.

Er fragt Odd, ____________________.

Odd erzählt, dass er dachte, die anderen Kinder ____________________.

Es tut ihm leid, weil ____________________.

Rolf findet, dass ____________________.

2. Dass Odd Zack mit nach Hause genommen hat, bleibt nicht ohne Folgen für ihn. Beantworte die Fragen in deinem Heft oder Lesetagebuch.

a) Welche »Strafe« überlegt sich Rolf für Odd?

b) Findest du die Strafe gut? Warum? Begründe.

3. Bearbeite mit der Methode *Think – Pare – Share* die folgende Frage:

Ist Odd ängstlich, mutig oder beides zugleich?

Hier war Odd ängstlich	Hier war Odd mutig

a) Trage in eine Tabelle Situationen aus der gesamten Geschichte ein, in denen Odd ängstlich war, und solche, in denen er mutig war. *(Think)* Schreibe in dein Heft oder Lesetagebuch.

b) Vergleiche deine Lösung mit einer Partnerin oder einem Partner und ergänzt, wenn ihr weitere Situationen findet. *(Pair)*

c) Tragt eure Ergebnisse in der Klasse zusammen. *(Share)*

d) Bildet zwei Gruppen in der Klasse. Führt eine Pro-Kontra-Diskussion durch. Eine Gruppe vertritt die Meinung, dass Odd ein Feigling ist. Die andere argumentiert, dass Odd ganz schön mutig ist.

Methode

Think – Pair – Share: Diese Methode dient dazu, Ideen und Gedanken zu einer Frage zunächst allein zu sammeln *(Think)*. Diese werden dann mit einer Partnerin oder einem Partner ausgetauscht und weiterentwickelt *(Pair)*. Zum Schluss tauschen sich jeweils zwei Paare oder alle Zweiergruppen in der Klasse zu ihren Ideen und Gedanken aus *(Share)*.

»Ich dachte, dass sie mich dann vielleicht mögen«

Odd bringt Zack zurück ins Aquarium …

1. Zeichne einen Comic zu Odds Fahrt durch die Nacht zum Aquarium. Gehe so vor.

a) Überlege, wie viele Bilder du brauchst. Lege ein »Storyboard« an, also eine Tabelle, in der du dir Notizen machst.
Hier können schon Ideen für Sprech- oder Gedankenblasen oder auch für die Blocktexte unter dem Bild stehen.
Hilfreich ist auch, sich hier zu notieren, zu welchem Textabschnitt die jeweiligen Bilder passen.

b) Die einzelnen Bilder des Comics zeichnest du am besten auf ein DIN-A5-Blatt. Wenn es am Schluss nötig ist, kannst du die einzelnen Bildseiten dann noch verkleinern.

c) Die fertigen Bilder klebst du in der richtigen Reihenfolge auf ein Plakat oder fotokopierst sie und machst daraus ein kleines Heft.

2. Rolf sagt: »Viele Dinge würde man sicher nicht tun, wenn man vorher die Konsequenzen überschauen könnte.«

a) Beschreibe mit eigenen Worten, was er damit meint.

b) Hast du schon mal so eine Situation erlebt? Schreibe kurz darüber.

3. Rolf bringt Odd nach Hause. Stell dir vor, seine Eltern bemerken, dass er weg war. Was könnte er ihnen erzählen? Wie könnten sie reagieren?
Schreibe die Szene in dein Heft oder Lesetagebuch.

4. Bearbeite mit der Methode *Think – Pare – Share* die folgende Frage:

Ist Odd ängstlich, mutig oder beides zugleich?

Hier war Odd ängstlich	Hier war Odd mutig

a) Trage in eine Tabelle Situationen aus der gesamten Geschichte ein, in denen Odd ängstlich war, und solche, in denen er mutig war. *(Think)*
Schreibe in dein Heft oder Lesetagebuch.

b) Vergleiche deine Lösung mit einer Partnerin oder einem Partner und ergänzt, wenn ihr weitere Situationen findet. *(Pair)*

c) Tragt eure Ergebnisse in der Klasse zusammen. *(Share)*

d) Bildet zwei Gruppen in der Klasse. Führt eine Pro-Kontra-Diskussion durch. Eine Gruppe vertritt die Meinung, dass Odd ein Feigling ist.
Die andere argumentiert, dass Odd ganz schön mutig ist.

Methode

Think – Pair – Share: Diese Methode dient dazu, Ideen und Gedanken zu einer Frage zunächst allein zu sammeln *(Think)*. Diese werden dann mit einer Partnerin oder einem Partner ausgetauscht und weiterentwickelt *(Pair)*. Zum Schluss tauschen sich jeweils zwei Paare oder alle Zweiergruppen in der Klasse zu ihren Ideen und Gedanken aus *(Share)*.

k.9

Die Illustrationen

Die Bilder zur Geschichte hat Christoffer Grav gezeichnet.

1. Viele Bilder sind von unten (Froschperspektive) oder von oben (Vogelperspektive) gezeichnet.

a) Suche jeweils drei Beispiele. Schreibe die Seitenzahlen in der Tabelle auf.

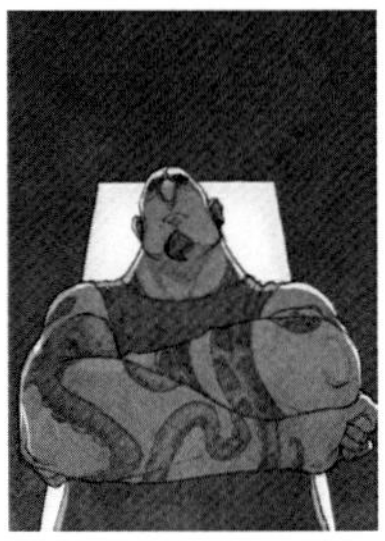

Froschperspektive	Vogelperspektive

b) Warum könnte der Zeichner (Illustrator) diese »Einstellung« gewählt haben? Welche Wirkung hat sie?

2. Finde folgende Situationen auf den Bildern im Buch. Notiere die Seitenzahl.

Situation	Seite
Odd fliegt	
Mette mit Äpfeln im Haar	
Odd als Superman	
Plan vom Aquarium	
Fünf Mal Odd in einem Raum	
Rolf weint	

3. Zeichne dein Lieblingsbild hier in den Kasten ab.

k.9

Die Illustrationen

Die Bilder zur Geschichte hat Christoffer Grav gezeichnet.

1. Schau dir das Bild vom Tunnel im Aquarium an. Warum könnte der weiße Hai hellgrau hervorgehoben sein?

____

____

2. Viele Bilder sind aus der Frosch- (von unten) oder der Vogelperspektive (von oben) gezeichnet.

a) Suche jeweils drei Beispiele und notiere die Seitenzahlen.

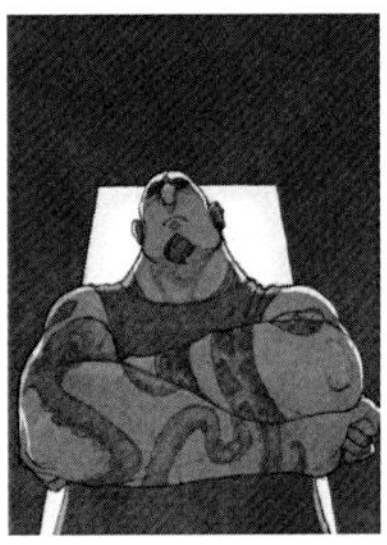

Froschperspektive	Vogelperspektive

b) Warum könnte der Illustrator diese »Einstellung« gewählt haben? Welche Wirkung hat sie?

Froschperspektive: ____.

____

Vogelperspektive: ____.

____

3. Finde folgende Situationen auf den Bildern im Buch. Notiere die Seitenzahl.

Situation	Seite
Schnuppi verkriecht sich in einer Klorolle.	
Mette mit Äpfeln im Haar	
Paprika	
Spiderman-Poster	
Zack als Tasche	
Fünf Mal Odd in einem Raum	
Kines Handy mit Krokodilschleim	

k.10

»Wer klaut denn bitte ein Krokodil?«

Odd hat gehofft, dass ihm Zack dabei hilft, beliebter zu werden …

1. Die Kapitel im Buch haben keine Überschriften.
Hier findest du eine Auswahl.
Zu welchem Kapitel passt die Überschrift? Notiere die Nummer.

Überschrift	Kapitel
Odd macht einen Plan	
Fast erwischt!	
Zack kommt in sein neues Zuhause	
Muss Zack sterben?	

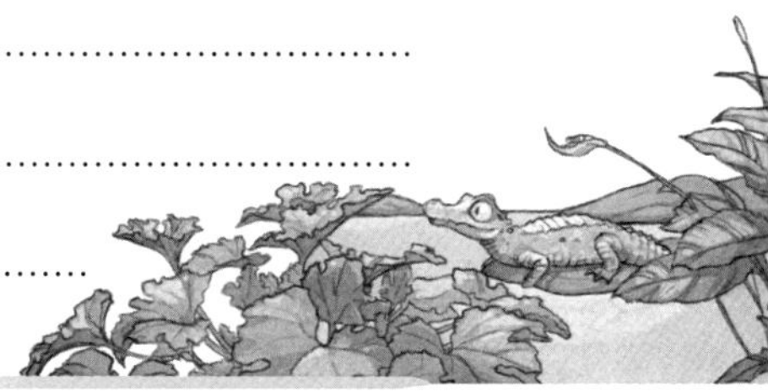

2. Odd erlebt in der Geschichte viele Situationen, in denen er sich gut fühlt, und auch solche Situationen, in denen es ihm nicht gut geht.
Male zu jedem Kapitel die Ampel so aus, wie sich Odd fühlt:

rot – Es geht ihm schlecht (er ist wütend/ängstlich/traurig)

gelb – Es geht ihm nicht besonders gut oder schlecht

grün – Es geht ihm gut (er ist fröhlich/aufgeregt/glücklich)

1	2	3	4	5	6	7	8	9	10	11	12	13	14	15	16	17	18	19	20	21
○○○	○○○	○○○	○○○	○○○	○○○	○○○	○○○	○○○	○○○	○○○	○○○	○○○	○○○	○○○	○○○	○○○	○○○	○○○	○○○	○○○

3. Erstellt ein Interview mit einer wichtigen Figur (z. B. Odd, Mette) am Ende des Romans.
Du kannst das Interview entweder mit einer Partnerin/einem Partner spielen oder als Sprachaufnahme speichern.

Tipp

Mögliche Fragen an Odd:
- Warum hast du gedacht, dass dich die anderen mehr mögen, wenn du Zack hast?
- Hat Rolf richtig reagiert, als du ihm Zack zurückgegeben hast?
- Welche Situation in den letzten Tagen fandest du am schönsten? Welche am schwierigsten?
- Was magst du besonders an Mette?

Mögliche Fragen an Mette:
- Was magst du besonders an Odd?
- Hast du eine Vermutung gehabt, wer der Krokodildieb gewesen ist?
- Warum möchtest du mit Odd als Reptilienassistent arbeiten?

K.10

»Wer klaut denn bitte ein Krokodil?«

Odd hat gehofft, dass ihm Zack dabei hilft, beliebter zu werden …

1. Die Kapitel im Buch haben keine Überschriften.

a) Wähle vier Kapitel aus und überlege (alleine oder in Partnerarbeit) mögliche neue Überschriften. Sie sollen den Leserinnen und Lesern Lust machen, das Kapitel zu lesen.

Kapitel	Überschrift

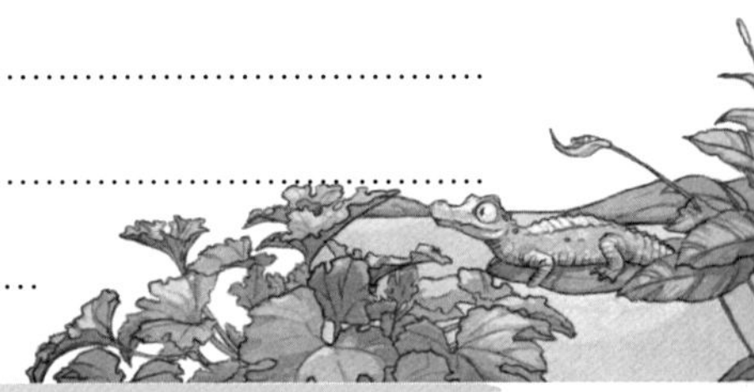

b) Stellt eure Kapitelüberschriften in der Klasse vor und stimmt ab, welche Überschrift ihr am besten findet.

2. Odd erlebt im Laufe der Geschichte viele Situationen, in denen er sich gut fühlt, und auch solche Situationen, in denen es ihm nicht gut geht.

a) Stellt, am besten in Partnerarbeit, in Form einer Kurve (mindestens in DIN A4) dar, wie es Odd in den Kapiteln jeweils geht. Notiert an wichtigen Stellen der Kurve Stichwörter zu besonderen Ereignissen der Handlung oder kurze Textzitate.

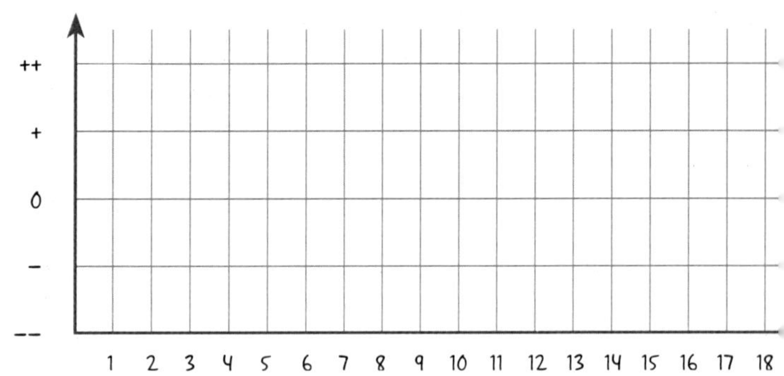

b) Vergleicht die Odd-Kurven in der Klasse. Wo wart ihr euch einig? Wo nicht so?

3. Erstellt ein Interview mit einer wichtigen Figur (z.B. Odd, Mette) am Ende des Romans. Du kannst das Interview entweder aufschreiben, mit einer Partnerin/einem Partner spielen oder per Sprachaufnahme speichern.

Tipp

Mögliche Fragen an Odd:
- Warum hattest du gedacht, dass dich die anderen mehr mögen, wenn du Zack hast?
- Hat Rolf richtig reagiert, als du ihm Zack zurückgegeben hast?
- Welche Situation in den letzten Tagen fandest du am schönsten? Welche am schwierigsten?
- Was magst du besonders an Mette?

Mögliche Fragen an Mette:
- Was magst du besonders an Odd?
- Hast du geahnt, wer der Krokodildieb gewesen ist?
- Welche Situation in den letzten Tagen fandest du am schönsten? Welche am schwierigsten?
- Warum möchtest du mit Odd als Reptilienassistent arbeiten?

k.11

Dein Urteil zum Buch (1)

Du kennst das Buch »Der Krokodildieb« nun sehr genau.

1. Welche Figur aus dem Roman fandest du sympathisch? Welche nicht so? Trage Zahlen ein. Die »1« bekommt die Figur, die du am sympathischsten fandest, und so weiter. Die »12« bekommt dann die Figur, die du am unsympathischsten findest.

- ◯ Odds Mutter
- ◯ Rolf
- ◯ Odds Großeltern
- ◯ Nova
- ◯ Mette
- ◯ Bjarne
- ◯ Odd
- ◯ Knut
- ◯ Die Nachbarin
- ◯ Odds Vater
- ◯ Kine
- ◯ Petter

2. Welche Szene fandest du besonders spannend?

Als ______________________________

____

____

3. Gibt es etwas, was dir am Buch nicht so gut gefallen hat? ______________________________

____

____

4. Wenn das Buch verfilmt würde, welche Rolle würdest du gerne spielen?

______________, weil ______________________________

____

____

k.11

Dein Urteil zum Buch (2)

5. Jetzt ist dein Urteil gefragt! Kreuze an.

	stimmt total	stimmt	geht so	stimmt nicht
a) Die Geschichte fand ich spannend.	○	○	○	○
b) Ich kann Odd verstehen, dass er Zack aus dem Zoo holt, um mutiger zu werden.	○	○	○	○
c) Odds Eltern sollten sich mehr für ihn interessieren.	○	○	○	○
d) Rolf reagiert richtig, als er niemand anderem von Odds Diebstahl erzählt.	○	○	○	○
e) Mette weiß bestimmt, dass Odd das kleine Krokodil aus dem Zoo gestohlen hat.	○	○	○	○
f) Ich hätte auch gerne ein Krokodil zu Hause.	○	○	○	○
g) Ich finde es gut, dass die Geschichte am Ende gut ausgeht.	○	○	○	○

6. Wie fandest du das Buch insgesamt?

☐ sehr gut ☐ gut ☐ geht so ☐ nicht so gut ☐ schlecht

Begründe deine Antwort

____

____

____

____

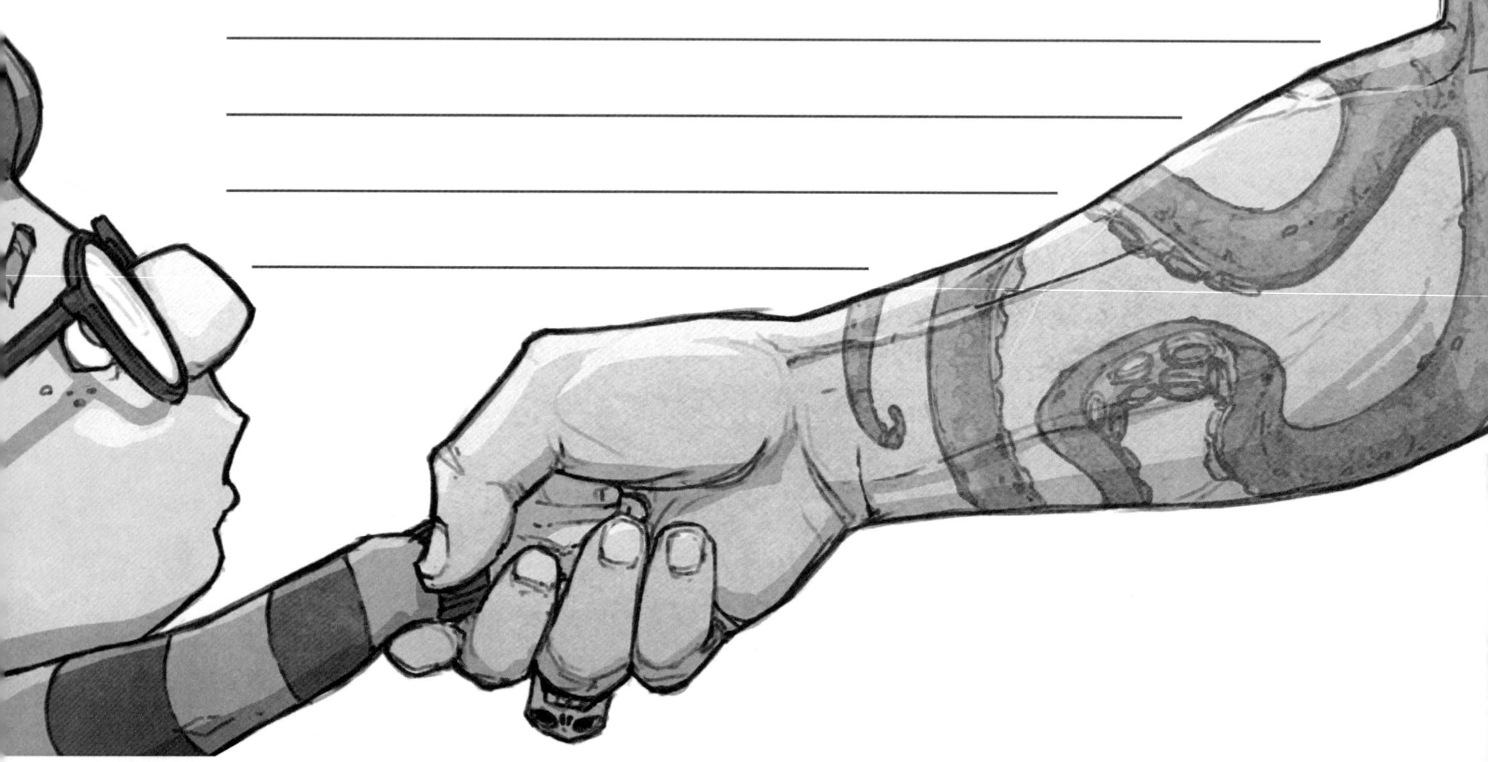